Norbert Schmidt

Wir vom Jahrgang 1953

Kindheit und Jugend

Impressum

Bildnachweis:

Archiv Norbert Schmidt: Umschlag (vorne, hinten), S. 5, 6, 8, 11, 12, 17, 18, 20, 21, 23, 26 u., 28, 31, 32, 34, 35, 36 u., 37, 40 o./u., 44, 47, 49, 50, 51, 52, 56, 57, 58, 61 l./r., 63; Archiv Eugen Sauter: S. 7, 16 u.; Archiv Neckermann: S. 9, 26 o., 27 u., 36 o., 46, 59; Asta Stolze, Lüneburg: S. 14; Archiv Helmut Blecher: S. 16 o.; Klaus Meier-Ude: S. 22; 50er-Jahre-Museum Büdingen: S. 24, 27 o.; Annelie Buwen, Riegelsberg: S. 29; Salamander GmbH, Langenfeld: S. 30; Ilse Burscher-Kohn: S. 39, 42; Bauer Media KG: S. 45 u.; Cover „Treff Tipps" Lizenzausgabe Bertelsmann: S. 60 r.;
ullstein bild – Oscar Poss: S. 25; ullstein bild – ullstein bild: S. 43; ullstein bild – dpa: 33, 45 o.; ullstein bild – Berlin Bild: S. 38; picture alliance: S. 53 l./r.; picture alliance/dpa/Manfred Rehm: S. 54; picture alliance/AFP Creative: 60 l.;

Besonderer Dank gilt der Pressestelle der Firma Neckermann in Frankfurt a. M., die dem Autor im Juni 2004 einen Blick ins Kataloge-Archiv und den Abdruck einzelner Seiten und Motive gestattete.

15. Auflage 2023

Gestaltung und Satz: r2 | Ravenstein, Verden
Druck: Druck- und Verlagshaus Thiele & Schwarz GmbH, Kassel
Buchbinderische Verarbeitung: Buchbinderei S. R. Büge, Celle

34281 Gudensberg-Gleichen • Im Wiesental 1
Telefon: 056 03/9 30 50 • www.wartberg-verlag.de
ISBN: 978-3-8313-3053-9

Liebe 53er!

Versinken in der eigenen Kindheit und Jugend – und dabei eine Lesebrille auf der Nase, weil die Augen nicht mehr so jung sind. Einen Computer neben dem Notizblock, weil die Zeit ein wenig fortgeschritten ist – seit damals, seit 1953, als wir das Licht der Welt erblickten. Doch das sind nur die Äußerlichkeiten. Als ich meine Recherchen für dieses Buch begann, war es, als stellte ich meine Welt auf den Kopf. Der Schreibtisch voller Papier, voller Nachschlagewerke, voller Zeitungen und Tagebücher. Daneben Wäschekörbe voller Fotoalben. Nicht zu vergessen die Einladung ins Neckermann-Archiv nach Frankfurt für den objektiven Blick zurück. Die Welt stand kopf, weil ich sie noch einmal aus einer ganz anderen Warte sah. Und weil sich Verpasstes, Versäumtes und „Versaubeuteltes" einmischten in die Daseinsbilanz.

Fazit: Es war, wie es war – und es war gut so. Es waren passende Schuhe, die ich tragen durfte. Das von sich sagen zu können, wünsche ich natürlich allen Jahrgangskameradinnen und -kameraden. Der Blick auf die Welt unserer Eltern und auf die Welt, wie sie sich bis in die Gegenwart hinein darstellt, lässt mich sagen: Es hätte viel, viel schlimmer kommen können.

Ich hoffe, dass Ihnen meine Aufzeichnungen Anstoß sein mögen dazu, in den eigenen Erinnerungen zu kramen: War's bei mir auch so – oder anders!? Dieses Buch will und kann nur vermitteln, anregen. Wie beim Spiel mit den Klickern, den Murmeln, das uns als Kinder faszinierte: Eine Kugel trifft auf eine, zwei andere, sie prallen voneinander ab und bewegen weitere Kugeln. So ist das auch mit Erinnerungen.

Norbert Schmidt

... die **Nasen** verrotzt und die **Augen** verheult

Betten machen, Wasser kochen und die Hebamme rufen

Für unsere Geburt wurden noch Betten gemacht, wurde Wasser gekocht, wurden etliche Menschen in Bewegung gesetzt. Eiligst rief man nach der Hebamme, die über Land kommen musste – mit dem Fahrrad. Ich stelle mir das Schreien der Mutter sehr wohl vor, nicht minder den ausgesperrten Vater, der erst hinzugezogen wurde, nachdem die Wöchnerin erschöpft und der „Storch" weg war. Die Schweißperlen mit dem süßlichen Geruch, den wir einatmeten vom ersten Moment an, der uns nicht losließ – nicht in der Zeit an der Mutterbrust, nicht in den Jahren, in denen es kaum Schöneres gab, als morgens bei den Eltern ins Bett zu kriechen, nicht, als man – wegen eines Streits mit Freundinnen oder Freunden – bei der Mutter am Rockzipfel oder am Schürzensaum Trost fand, die Nase verrotzt, die Augen verheult.

Chronik

29. Mai 1953
Der Neuseeländer Edmund Hillary bezwingt zusammen mit seinem aus Nepal stammenden Sherpa Tensing Norgay als erster Mensch den mit 8848 Metern als höchster Berg der Erde geltenden Mount Everest im Himalaya.

17. Juni 1953
Volksaufstand in der DDR; in Ostberlin ebenso wie in über 200 weiteren Ortschaften. Um die 20 Menschen werden getötet, etliche mehr schwer verletzt, als Sowjetsoldaten und Volkspolizisten die Demonstrationen gegen weitere Anhebungen der Arbeitsnormen niederschlagen.

4. Juli 1954
„Tor, Tor! ... Deutschland ist Fußball-Weltmeister!“, schreit Fernsehreporter Herbert Zimmermann ins Mikrofon, als Helmut Rahn im Berner Wankdorfstadion das 3:2 gegen Ungarn schießt und kurz darauf der Abpfiff ertönt. Das Spiel geht in die nationale Sportgeschichte ein. Bis an ihr Lebensende bleiben Toni Turek, Fritz Walter & Co. die „Helden von Bern“.

29. September 1954
Die Arbeitsgemeinschaft der Rundfunkanstalten Deutschlands, die ARD, startet in ihrem Fernsehprogramm die Serie „Familie Schölermann“. Der Blick auf die Mattscheibe in deutschen Wohnzimmern dient nun nicht mehr allein der Information, sondern vielmehr auch der Unterhaltung.

7. Juli 1955
Im Juli hat „Jenseits von Eden“ mit James Dean in der Hauptrolle Deutschlandpremiere. Am 30. September stirbt der Leinwandheld 24-jährig bei einem Verkehrsunfall in Kalifornien.

5. August 1955
Im Volkswagen-Werk in Wolfsburg läuft der millionste Käfer vom Band. Er ist das meistgebaute Auto in Europa.

September/Oktober 1955
Bundeskanzler Konrad Adenauer reist in die Sowjetunion, um über die Rückkehr der letzten knapp 9500 Kriegsgefangenen zu verhandeln. Die ersten von ihnen kehren wenige Wochen später via Friedland heim – mehr als zehn Jahre nach dem Tag der Kapitulation Deutschlands. In einem Jahr, in dem zunächst die Bundesrepublik der NATO beitritt und die Staaten Osteuropas den Warschauer Pakt gründen.

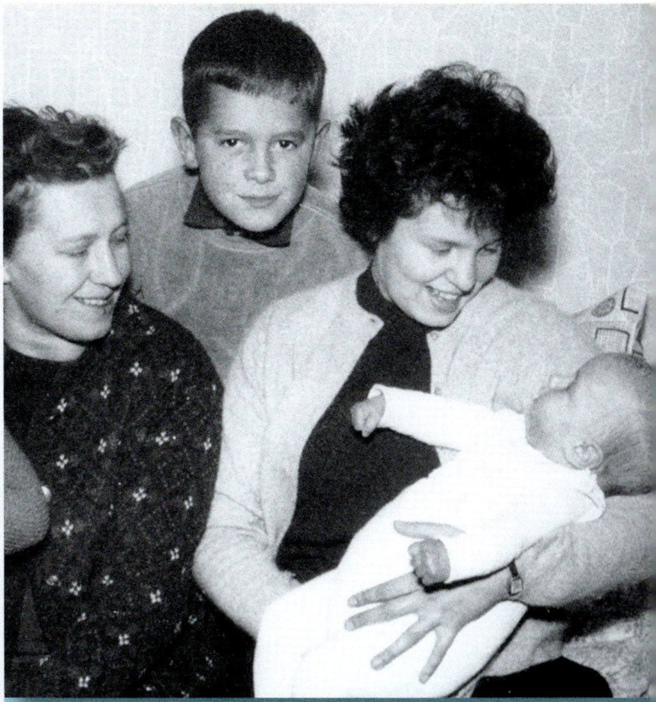

Standardfoto in wohl allen Alben dieser Republik: Das Neugeborene liegt in Windeln, wird bestaunt – und fotografiert

Mal unter uns, mit einem Zwinkern in den Augen: 1953er sind alles willkommene Menschen. Zur Welt gekommen im Mutterbett oder im Hospital, aufgewachsen in der Stadt oder auf dem Land, als Mädchen oder als Junge. Hauptsache man weiß, woher man ist, wo die Wurzeln sind, Hauptsache man ist mit sich im Einklang. Mehr als einmal dabei sein zu dürfen, gibt es nicht. Denn stellt euch vor, nicht ihr wäret es gewesen, die andockten am Ei, sondern der schnellere Nachbar. Ihr hättet gehörig was verpasst.

Schlagzeilen 1953

In den USA erscheint erstmals die (Männer-) Zeitschrift ***„Playboy“*** *mit der 27-jährigen Marilyn Monroe als Covergirl …*

Zwei Biochemiker entschlüsseln die Struktur der ***Desoxyribonukleinsäure (DNS)****, womit es möglich wird, die Übertragung genetischer Informationen in lebenden Organismen zu erklären …*

In Deutschland ist der US-Filmklassiker ***„Vom Winde verweht“*** *in den Kinos zu sehen …*

Elisabeth II. wird mit 27 Jahren ***Königin von Großbritannien*** *…*

Der Nordwestdeutsche Rundfunk sendet erstmals eine ***Schlagerparade****.*

Das Kinderbett im Schlafzimmer der Eltern

Zu den ersten „Spielzeugen“, die wir kannten, zählten Rasseln und Ringe aus einem Material, das auch zum Herstellen von Puppen diente. Nein, geschmeckt haben die Teile partout nicht. Lustiger war es dann schon, wenn man sich krabbelnd zum Herd ziehen konnte, um dort aus der Bodenschublade ein Scheit Holz zu greifen.

Das Kinderbettchen mit den Gitterstäben stand über mehrere Jahre im Elternschlafzimmer. Entweder unmittelbar am Fußende des Bettes von Vater und Mutter oder an einem exponierten Platz. Und unter dem Bett stand – genau – das Töpfchen. Das war überall so, auch in der Stadt. Von dem Moment an, wo man des selbstständigen Laufens mächtig war, musste man das Teil morgens selbst leeren – auf dem nächsten WC, auf einem Plumpsklo oder auf dem Mist.

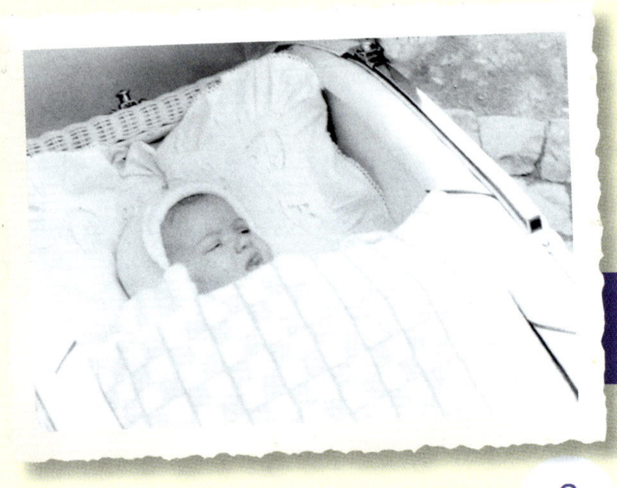

Wo soll's denn langgehen? Gut behütet und warm eingepackt hinaus in die Welt

Die kleine Welt des Elternhauses

Die Position des Kinderbettes und dessen Umfeld spielten in jeder Biografie eine eigene Rolle. Zu unserer Zeit gab es vielerorts das Modell eines „Kinderzimmers", das durch einen raumhohen Vorhang vom Elternrefugium getrennt war. Eine Toilette mit Wasserspülung gleich neben dem Schlafzimmer war eher selten. Oder es war noch so – eine weitere Variante dieser Jahre –, dass in einem Raum Menschen aus gleich drei Generationen schliefen. Das war jenseits dessen, was wir Jahre später als guten Geschmack bezeichnen. Aber das war so.

Der erste Kindersitz von „Baby 53" war ein gar spezielles Teil: Das Stühlchen war mit bunter Plastikfolie oder Textil überzogen, die Sitzfläche rund ausgeschnitten, exakt so groß wie das darunter einzuschiebende Töpfchen (vorn mit V-Ausschnitt fürs „Zipferl", in der Draufsicht dem Milchtopf auf dem Herd gleichend). An diesen Sitz angedockt war ein Tischchen, dessen Beine insofern konisch aufeinander zuliefen, als dass sie – umgedreht – das Untergestell für einen Hochsitz abgaben. Auf dem Tisch war vorn, zum Kind hin, eine Metallschiene angebracht mit verschiebbaren Perlen: für Zählübungen im Milchzahn-Zeitalter. Das war kindliche Frühförderung in den 50er-Jahren.

Von wegen ein eigenes Zimmer für jedes der Kinder; das blieb für die meisten 53er vorerst ein Traum

Ist's die Angst, erdrückt zu werden,
die aus den Augen dieses Kindes spricht ...?

„Quer durch den Garten" – und als Brei angerührt

Und was gab's zu essen? Alles, also „quer durch den Garten" – nur eben als Brei angerührt oder zu kleinen Würfelchen geschnitten. Spannend erwarteten die Eltern den Moment, in dem man sich erstmals mit dem eigenen Besteck satt essen konnte – mit einem zum Mund hin gebogenen Löffel und einem Schieber. Aus echtem Silber, sicherlich ein Taufgeschenk. An der breitesten Stelle des Griffs war ein Relief, z. B. mit „Hänsel und Gretel"-Motiv.

Schlagzeilen 1954

Die Geburtsstunde der „gelben Engel": ***Der ADAC*** *setzt erstmals ein Reparatur-Service-Auto für die Pannen-Soforthilfe ein …*

Der US-Unterhaltungsmusiker Bill Haley nimmt mit der Band „The Comets" das Lied „Rock around the clock" auf, mit dem das Musikgenre des ***Rock 'n' Roll*** *begründet wurde …*

Ernest Hemingway wird der ***Literatur-Nobelpreis*** *zuerkannt …*

Der Rechtsausschuss des Bundestages lehnt es ab, unverheirateten Frauen im Umgang mit Behörden die Anrede „Frau" zuzugestehen; damit bleibt die Bezeichnung ***„Fräulein"*** *im amtlichen Sprachgebrauch gültig …*

Und aus den USA kommt ***„Ketchup"*** *auf den deutschen Markt.*

Die ganze Welt – zweimal jährlich von Neckermann frei Haus

Ja, wir hatten Bücher bei uns zu Hause. Die „rororo“-Sammlung der Eltern. Kunstdruck-Bildbände von der Deutschen Buchgemeinschaft. Lexika, Duden, Atlanten. Später auch so genannte Roman-Bestseller. Wir hatten eine Tageszeitung abonniert, die die ganze Familie las – jeder nach seinem Gusto; der eine mehr die Politik, die andere mehr „das Bunte auf Seite drei“, die Kinder den Sport und die Comics („Cisco“). Trotzdem gab es da noch einen anderen Lesestoff, dessen alljährlich zweimaliges Erscheinen sehnsüchtig erwartet wurde. Die Rede ist vom Katalog des Versandhauses Neckermann in Frankfurt am Main. Dieser bunte Wälzer, der jeweils im Februar und im August frei Haus geliefert wurde, begleitete uns durch Kindheit und Jugend, durch Frühjahr und Sommer, durch dick und dünn, durch Herbst und Winter. Die Tradition der Neckermann-Kataloge ist nur unwesentlich älter als wir. Am 1. April 1950 kam die Erstausgabe auf den Markt.

1,5 Millionen Haushaltungen erhielten die frühen Blätter, die noch etwas dünner waren und – neben zahllosen Sondersendungen – jeweils nur eine Jahreszeit abdeckten. Schnell war dann aber der Semester-Rhythmus gefunden, in dem der Dressur

Mindestens so alt wie wir: Versandhaus-Kataloge begleiteten uns durch die Jahre, von Zeitgeist geprägt und den Zeitgeist prägend

reitende Kaufhauschef vom Frankfurter Ostbahnhof den Handel aufmischte. Da war Bewegung drin. Von einer Sensation wurde gesprochen, als Neckermann im November 1953 ein „Radio-Super“-Röhrengerät für 187 Mark anbot. Üblicherweise kosteten diese Teile das Doppelte.

Im März 1954 – wir lagen noch in den Windeln und robbten über den Küchenboden – revolutionierte das Versandhaus weiter: Kühlschränke per Katalog, 55 Liter Fassungsvermögen, zu 295 Mark das Stück. Wo auch immer sich ein Warensegment auftat, das via Versandlogistik angeboten werden konnte – schon griff Neckermann zu.

Da gab es auf einmal Trommelwaschmaschinen (548 Mark), Wäscheschleudern (189 Mark). Geräte, die allenfalls der Städter bzw. der einkommensstärkere Mensch kannte. Ob er sie auch besaß? Wir 1953er wissen sehr wohl noch um das Waschen im mit Holz befeuerten Kessel, um das Auswringen der Wäsche, um das Auslegen großer Teile zur Bleiche durch unsere Mütter.

Schlagzeilen 1955

Bei der Kölner Hausratsmesse im März zählt eine ***Geschirrspülmaschine*** *zu den meistbeachteten Ausstellungsstücken …*

In Berlin wählt das Deutsche Philharmonische Orchester den 1908 geborenen ***Herbert von Karajan*** *zu seinem Dirigenten …*

Und wer jung und mutig zur Neueinrichtung seines Wohnzimmers schreitet, der wählt ***Nierentische, Schalensessel*** *und* ***Tulpenlampen****.*

Der Sport eint die Nation vor dem Fernsehgerät

Als wir auf die Welt kamen, waren in Deutschland elf Millionen Radiogeräte angemeldet, aber nur knapp 28 000 Fernseher. Das Monatseinkommen eines Facharbeiters betrug rund 400 Mark – aber mindestens 500 Mark waren auf den Tisch zu blättern, wollte man ein TV-Gerät mit 43 Zentimeter Bildschirmdiagonale

Das war in den ersten TV-Jahren das am meisten gesendete Motiv: Das Testbild der ARD war der Gute-Nacht-Kuss für alle, die bis Programmschluss dabei blieben

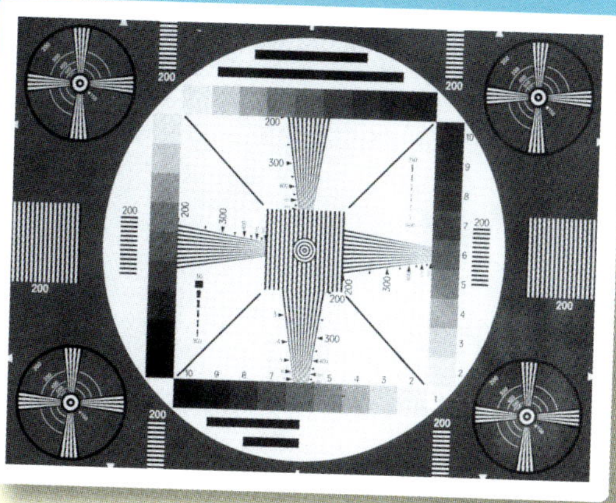

sein Eigen nennen. Man hörte also Radiosendungen: „Vom Geist der Zeit“, die Nachrichten, Maria Fausers „Frauenfunk“, „Geistreiches und Geistliches“, „Die Zeit im Funk“ und Hörspiele. Musik – meist Klassik oder Operette, Arien, eben „Schwerlastiges“. Auch Kinderfunk. Und natürlich Sport.

Der Sport war es, der die Nation erstmals vor dem Fernsehgerät einte, als die Hälfte von uns gerade ein Lebensjahr auf dem Buckel hatte: 4. Juli 1954, ein Sonntag – das Fußball-WM-Endspiel in Bern, Deutschland gegen Ungarn. Da saßen sie in Wirtshäusern zusammen, auf den Dörfern in umgerüsteten Scheunen, in den Städten überall dort, wo ein Saal war, in dem ein Gerät aufgestellt werden konnte. Sie standen vor den Schaufenstern der Kaufhäuser, in denen Fernsehgeräte flimmerten, deren Ton per Lautsprecher ins Freie übertragen wurde – dieses Phänomen war auch zehn Jahre später noch zu beobachten.

Prominente 53er

7. Jan.	***Dieter Hoeneß*** *(ehem. deutscher Profi-Fußballer, Manager)*
10. Jan.	***Pat Benatar*** *(US-amerikanische Rocksängerin)*
24. März	***Mathias Richling*** *(deutscher Kabarettist, Autor und Schauspieler)*
10. Apr.	***Heiner Lauterbach*** *(deutscher Schauspieler)*
6. Mai	***Tony Blair*** *(ehem. Premierminister des Vereinigten Königreiches)*
15. Mai	***Mike Oldfield*** *(kritischer Multi-Instrumentalist und Komponist)*
16. Mai	***Pierce Brosnan*** *(irischer Schauspieler)*
8. Juni	***Bonnie Tyler*** *(britische Sängerin)*
22. Juni	***Cyndi Lauper*** *(US-amerikanische Sängerin und Songschreiberin)*
26. Juli	***Felix Magath*** *(deutscher Fußballtrainer und Manager)*
14. Aug.	***Ulla Meinecke*** *(Vertreterin des deutschsprachigen Chansons)*
1. Okt.	***Klaus Wowereit*** *(deutscher Politiker und ehem. Bürgermeister von Berlin)*
8. Dez.	***Kim Basinger*** *(US-amerikanische Schauspielerin)*
9. Dez.	***John Malkovich*** *(US-amerikanischer Schauspieler und Filmproduzent)*

„Hickelhäuschen“ und Straßenfußball

Sozialisierung in Haus und Hof

Irgendwann war die Wohnung zu klein und es galt, den Hof zu entdecken – egal, ob der bäuerlicher Natur war oder ohne viel Tageslicht und Pflanzen mitten in

Das galt schon immer:
Freunde sind ein Geschenk –
fürs ganze Leben

Chronik

3. Mai 1956
Auf dem ersten Platz der USA-Schlagerparade landet „Heartbreak Hotel", gesungen von dem 21-jährigen Elvis Presley aus Mississippi. Ein Jahr nach Bill Haleys Erfolgstitel „Rock around the clock" schafft Presley im September mit „Don't be cruel" einen weiteren Nummer-1-Hit. Zwei Jahre später wird er als US-Soldat seinen Dienst in Westdeutschland antreten.

23. Oktober/4. November 1956
In Ungarn beginnt ein bewaffneter Volksaufstand mit dem Ziel der Demokratisierung des Landes, Austritt aus dem „Warschauer Pakt" und politische Neutralität. Wenige Tage später walzen sowjetische Panzer den Aufstand nieder.

1. Januar 1957
Das Saarland ist wieder Teil der Bundesrepublik, nachdem es seit Kriegsende unter französischer Verwaltung gestanden hatte. Die Bevölkerung hatte sich schon in den Jahren zuvor für diesen Weg ausgesprochen, der allerdings zwischen den Verantwortlichen beider Nachbarstaaten erst ausgehandelt werden musste.

1. November 1957
Für erhebliches Rauschen im Boulevard-Blätterwald sorgt der Mord an der 24-jährigen Prostituierten Rosemarie Nitribitt in Frankfurt am Main, zu deren Kunden offensichtlich auch Persönlichkeiten aus Industrie, Politik und Wirtschaft gezählt hatten. Der Mord wird nie aufgeklärt – die Affäre hingegen ein Jahr später der Stoff für den Film „Das Mädchen Rosemarie" mit Nadja Tiller in der Hauptrolle.

2. Januar 1958
In Flensburg richtet der Bund eine zentrale Verkehrssünderkartei ein. Diese Bürokratisierung ist ein Ausdruck dessen, dass die rasant fortschreitende Motorisierung der Bevölkerung nicht ganz reibungslos verlief. Mittlerweile gibt es in den Städten Parkuhren und innerhalb geschlossener Ortschaften gilt eine Höchstgeschwindigkeit von 60 km/h.

14. September 1958
Erstmals treffen Bundeskanzler Konrad Adenauer und der französische Staatspräsident Charles de Gaulle zusammen und läuten damit die Geburtsstunde der bis heute unvergleichlichen bilateralen Aussöhnung zweier bis dahin „verfeindeter" Völker ein.

einer Stadt. Vor der Haustür tat sich eine neue Welt auf. Erste Begegnung mit Tieren: mit den Hunden aus der Nachbarschaft, streunenden Katzen, mit Vögeln in der Luft und – wenn's denn so war – mit dem Nutzvieh in den Ställen. Man steckte sein Revier ab und schaute – alte Redewendung, hier trifft sie buchstäblich zu –, wie weit man gehen konnte.

Erste Begegnung auch mit Kindern aus der Nachbarschaft. Von Kinderwagen zu Kinderwagen hatte man sich ja bereits gegrüßt. Aber jetzt lernte man, miteinander umzugehen. Diese Phase der Sozialisierung lief zweigleisig ab. Zum einen war da die Plattform der (Groß-) Familie, die Geschwister, aber auch Cousins und Cousinen. Das Miteinander mit Letzteren dominierte nachgerade an den Wochenenden; eben dann, wenn sich auch die Erwachsenen trafen.

Zum anderen gab es mancherorts einen Kindergarten – oder das „freie Spiel" auf der Straße. Ich selbst hatte nur selten Zugang zu einem Kindergarten, kann den dortigen Alltag nur bedingt schildern, schon gar nicht beurteilen. Bei uns gab's keinen mehr. Bei halbwegs gerechter Rückschau und von dem, was ich von anderen gehört habe, bleibt die Einsicht: Kindergarten in den 50ern war heftig, eben nicht Elternhaus-Außenstelle, sondern so etwas wie Kinderheim, wo man nicht frei die Welt erkunden konnte.

Die „Großen“ tanzten richtigen Twist und Rock 'n' Roll – für die Kleinen blieb der Gummi-Twist

Die Straße als Schule des Lebens

Viel ehrlicher als im Kindergarten ging's da schon auf der Straße zu. „Der Kaiser schickt Soldaten aus. Schick' mir mal den ... raus!“ Hoch und runter wurden Pflaster und Asphalt bemalt, wurden „Hickelhäuschen“ in den Boden geritzt mit kleinen Stöcken. Bälle flogen umher, etwa bei Abwerfspielen oder beim Fußball. Ja, es gab sie, die Straßenfußballer. Stundenlang. Tagelang. Ohne Trainer, ohne Schiedsrichter. Die Regeln bestimmte immer der, der am meisten Ahnung davon hatte (oder, auch zutreffend: dem man die meiste

Ahnung zubilligte). Es bestimmte der, der das Spiel am erfolgreichsten beherrschte. Das war meist ein Trickser, ein Filigrantechniker, einer von denen, die nach der Schule mit den Hausaufgaben am schnellsten fertig waren.

Ja, draußen auf der Straße, da war das Leben, unser Leben. Da haben wir unseren ersten Holzroller ausgefahren; ein König oder eine Königin, wer ein Puky-Gefährt sein Eigen nennen durfte. Draußen auf der Straße schaute man den Mädchen erstmals unter den Rock oder den Kittel. Draußen auf der Straße bandelte man auch schon mal zum Doktorspielen mit dem anderen Geschlecht an. Dort kippte man mit dem Dreirad um, das der Vater in der Werkstatt selbst zusammengeschweißt hatte. Da dotzte man den Ball zigmal gegen eine Wand, ließ die Klicker in ein Loch rollen oder den Kreisel tanzen, den man mit einer Peitsche zum Drehen gebracht hatte.

Draußen auf der Straße gab's blaue Flecken oder eine Wunde am Knie, gab's ein von Oma oder Mutter aus dem Fenster gereichtes Senfbrot oder eine Schmalzstulle, gab's Schläge oder Lob von Leuten, die wir einfach mehr anerkannten als die Akteure im Elternhaus. Schule des Lebens – erster Klasse. Draußen gab's Laubhäuser und im Winter Iglus, gab's den gestauten Bach mit den Booten darauf und das Hüpfen über Heuballen. Draußen ...

Schlagzeilen 1956

Das US-Unternehmen IBM stellt am 5. März in Westberlin seinen modernsten ***Computer*** *vor. Zwei Monate später geht in München der seinerzeit größte Computer Europas „ans Netz" ...*

Im April ist erstmals die ***„Bild am Sonntag"*** *erhältlich ...*

Am 1. Oktober beginnt im Deutschen Fernsehen eine Erfolgsgeschichte: die ***„Tagesschau"*** *– täglich um 20 Uhr ...*

In München stellt die Lach- und Schieß-gesellschaft ihr erstes ***Kabarett-Programm*** *vor ...*

Im April heiratet der 33-jährige monegassische ***Fürst Rainier III.*** *die 26-jährige Oscar-Preisträgerin* ***Grace Kelly*** *aus Philadelphia. Die blonde Schönheit mit dem untadeligen Ruf – unter anderem bekannt durch die Filme „12 Uhr mittags" und „Über den Dächern von Nizza" – hieß fortan Gracia Patricia ...*

Und bei uns hat ***Freddy Quinn****, der Junge von St. Pauli, endlos „Heimweh".*

Die Welt der Puppen und der Modellbaukästen

Drinnen hatten wir freilich auch unsere Favoriten. Vom Vater standen da noch eine Dampfmaschine umher, der man sich mit Respekt näherte, und die Trix-Baukastenteile. Und wenn Mutter oder Oma aus der Stadt ein Wiking-Modellauto mitbrachten, hatte das eine besondere Qualität. Mädchen freuten sich, wenn sie zum Geburtstag ein Schwesternset geschenkt bekamen, mit dem sie dann ihre Puppe abhören konnten. Und überhaupt die Puppen: Nur eine ganz einfache, mit angedeuteten Haaren? Oder eben eine mit richtigen Haaren, die man kämmen konnte? Oder eine mit beweglichen Armen und Beinen? Eine Puppe, deren Augen sich in dem Moment schlossen, in dem man sie zur abendlichen Ruhe bettete? Eine Puppe, die undefinierbare Laute von sich gab, wenn man sie vornüber beugte? Eine Puppe, die man täglich frisch einkleiden konnte – oder im angestammten Muff altern lassen musste? Eine Puppe, deren Mund eine kleine Öffnung aufwies für einen Schnuller? Eine Krönung waren die Puppen von der Losbude oder der Kirmes-Schießbude, vom Volksfest („Freie Auswahl"), die dann mit ihrem weiten Plüschkleid auf dem Sofa drapiert wurden: Spanierin mit Zigeuner-Festtagskleidung.

… und Jungenträume

Schlagzeilen 1957

*Der Bundestag verabschiedet am 3. Mai ein Gesetz über die **Gleichberechtigung von Mann und Frau** ...*

*In Italien stirbt der Modeschöpfer **Christian Dior** (52) ...*

*Die Kinder pfeifen die **„River Kwai“**-Melodie, hören von den älteren Geschwistern etwas wie „Däääjoo“, Harry Belafontes **„Banana Boat Song“**, sehen auf dem Nachttisch der Eltern Boris Pasternaks Roman **„Doktor Schiwago“**.*

Die Kinder-Kleiderordnung in den Fünfzigern kam ohne Modemarken aus

Kittelschürzen, Feinripp und andere Äußerlichkeiten

Meine Freundin Ursel, die Luis‘ aus dem Hunsrück, sang jüngst ein Klagelied: Nicht mal zur Einschulung die Kittelschürz’ abnehmen zu dürfen – das sei hart gewesen. Sie habe sich geschämt, während die anderen Mädchen und Jungen wie Prinzen oder Prinzessinnen auftraten. Armes Kind!

Wir 53er hatten manche Kleidersorgen, weil wir entweder angezogen wurden wie Erwachsene oder wie Ewiggestrige. Nicht anders stand es bei der Frage der Frisur: Zöpfe oder Bubikopf die Mädchen, Pisstopfschnitt die Jungs. Als die ersten Rock ’n‘ Roller mit längeren Haaren Erfolge feierten, hieß das noch lange nicht, dass man dem nacheifern durfte.

Mädchen trugen, noch weit über das sechste Lebensjahr hinaus, Strumpfhosen (Jungs oft auch, mit Schlitz). Darüber einen Rock oder eher gleich ein Kleid. Bei der Kleidung wurde streng zwischen Werktag und Sonntag unterschieden. Montags bis samstags war derbes, schweres Schuhwerk zu tragen;

die „Genagelten". Die Unterwäsche war durchgängig Marke Feinripp und wanderte erst samstags vor dem Vollbad zur Wäsche, wobei sie dann auch dementsprechend aussah. Hemden hatten selten etwas Leichtes und schon gar kein kindliches Muster. Die Blusen für die Mädchen: streng, mit Spitzen oder Borten.

Wir Buben mussten uns da ein wenig anders orientieren. Wir schauten lieber, welches Mädchen – das war schon vor der Einschulung so – zu Ostern Kniestrümpfe anhatte statt vollkommen langweilige Strumpfhosen.

Alle Textilien blieben bis zum bitteren Ende in Benutzung. Hatten Strümpfe ein Loch, wurden sie gestopft. Waren sie zu klein geworden, wurde die Spitze aufgetrennt und größer angestrickt. Dieses Schema wendeten die Eltern auch bei Kleidern, Röcken und Hosen an: Entweder wurde ein (meist völlig unpassendes) Stück Stoff angenäht oder – Gipfel der Geschmacklosigkeit – weiter oben zwischengenäht. Wie überhaupt jedes Teil so lang repariert wurde, also gestopft und genäht, bis nun wirklich kein Faden mehr hielt. An den Knien hatten Hosen

Zwei Männer im Sonntagsstaat beim „Schwätzchen" auf der Ladentreppe: Mit Augen-Blicken, die von Urvertrauen künden

oft drei, vier Flicken über- oder versetzt nebeneinander. Schuhe ließ man besohlen, und gegen zu flotten Verschleiß kamen unter Absatz und Spitze Metallplättchen. Hochwasserhosen blieben auch noch an der Tagesordnung, als die Halbstarken längst auftraten mit Hosenschlägen, die auf den Schuhen auflagen.

Wollte man Reife signalisieren, war das „Beinkleid" eines der signifikantesten Kleidungsstücke. Mädchen hatten oft nichts anderes im Kopf als den Tag, an dem sie zum ersten Mal in ihrem Leben durchsichtige Perlonstrümpfe tragen würden. Oder mindestens das Frühjahr – denn dann erhielten Söckchen gegenüber Kniestrümpfen den Vorzug (wenn die Eltern es zuließen).

Frühreife Fräuleins griffen in die Trickkiste: Perlonstrümpfe von der Mutter stibitzt und am Oberschenkel mit Einmachgummi befestigt. Das kam besonders gut, wenn darunter eine zerschundene, vergrindete Kniescheibe durchschimmerte ... All dies kündet ein wenig von dem an anderer Stelle skizzierten Phänomen unserer Kindheit: Unser Spielplatz war draußen, das waren die Straßen und Höfe, die Wiesen und Wälder, das Stadtviertel und die Trümmergrundstücke. Wir waren dauernd in Bewegung, waren unterwegs, waren zusammen.

Schlagzeilen 1958

*Das **DDR-Ministerium** ordnet an, die „westliche Dekadenz" in der eigenen Tanz- und Unterhaltungsmusik zu bekämpfen ...*

*Am 24. März zieht die US-Armee **Elvis Aron Presley** ein und schickt ihn am 1. Oktober nach Deutschland, wo er in Friedberg stationiert wird und in Bad Nauheim wohnt ...*

*Im Iran wird **Reza Pahlewi**, Herrscher auf dem Pfauenthron, dazu gedrängt, seine zweite Ehefrau, die bildhübsche **Prinzessin Soraya**, zu verstoßen: Sie hatte ihm keinen Thronfolger geboren. Der Enddreißiger heiratet im Jahr darauf **Farah Diba**, eine 21-jährige Studentin ...*

*In Schweden bei der Fußball-Weltmeisterschaft geht der Stern des Edison Arantes do Nascimento auf: Der 17-jährige **Pele** erobert die Herzen der Fußballwelt buchstäblich im Sturm, sein Team wird Titelträger ...*

*Die Welt beginnt, den **„Hula-Hoop"** zu tanzen ...*

*„Schiwago"-Autor Pasternak wird im Dezember der **Literatur-Nobelpreis** zuerkannt, den der russische Schriftsteller aber „von Staats wegen" zurückweisen muss.*

Einschulung – die erste Krönungsmesse

Mit Schultüte und einem Lächeln ging's in die Volksschule

Endlich nicht mehr nur Kind sein – lernen für das Leben

Einschulung – das war so etwas wie die erste Krönungsmesse. Und nichts war uns in diesem Moment wichtiger, als endlich richtig schreiben, lesen und rechnen zu lernen. Was haben wir leiden dürfen und müssen – fürs Abc und das kleine Einmaleins.

Es waren um die 35, die mit mir eingeschult wurden. Wir zählten noch zu den Kandidaten, die mit einer Schiefertafel anfingen: vorn waren Rechenquadrate, hinten Schriftzeilen

Chronik

1./2. Januar 1959
Die Welt blickt auf Kuba, wo der Kalte Krieg zu eskalieren droht: Präsident Batista flieht von der Karibik-Insel und der von Moskau unterstützte Guerillero Fidel Castro kämpft sich an die Macht. An seiner Seite der Sozialist Ernesto „Che“ Guevara.

15. November 1959
Die Delegierten der SPD beschließen das „Godesberger Programm“, mit dem sie sich vom Marxismus distanzieren und als Volkspartei neuen Wählerschichten öffnen.

21. Juni 1960
Der Frankfurter Sprinter Armin Hary läuft mit 10,0 Sekunden einen neuen Weltrekord über 100 Meter. Wochen später wiederholt er seine Leistung, holt bei den Olympischen Spielen in Rom die Goldmedaille.

8. November 1960
Mit nicht einmal 115 000 Stimmen Vorsprung wählen die US-Amerikaner den 43-jährigen Demokraten und Katholiken John F. Kennedy zu ihrem neuen Präsidenten und Nachfolger von Dwight D. Eisenhower.

12. April 1961
Juri Gagarin, ein 27-jähriger Major der Roten Armee, umrundet beim ersten bemannten Weltraumflug die Erde. Im Mai schicken die USA Alan B. Shepard als ersten Menschen ins All.

15. Juni /13. August 1961
„Niemand hat die Absicht, eine Mauer zu bauen“, erklärt DDR-Staats- und Parteichef Walter Ulbricht im Juni. Knapp zwei Monate später riegeln Volkspolizisten den Ostsektor ab, beginnen in Berlin mit dem Mauerbau.

17. Februar 1962
Mitten in der Nacht werden Hamburg und die Nordseeküste von der seit Menschengedenken schwersten Flutkatastrophe heimgesucht. Deiche und andere Sicherungseinrichtungen können den Wassermassen nicht standhalten. Allein in Hamburg kommen über 300 Menschen ums Leben.

5. Mai /17. August 1962
In Berlin gelingt es zwölf Menschen, durch einen selbst gegrabenen Tunnel hindurch in den Westen zu fliehen. Ein Jahr nach Beginn des Mauerbaus schießen im August NVA-Grenzsoldaten den jungen Peter Fechter bei einem Fluchtversuch nieder. Er verblutet – und ist der erste „Mauertote“.

Die Schultüten größer als die Abc-Schützen – damals, Ostern 1960, vor der Lehranstalt

mit je vier Linien in orangefarbenem Aufdruck. An der Seite befand sich ein Loch, um mit Bindfäden Schwamm und Lappen befestigen zu können. Wir schrieben mit grauen Kreidestiften; weiße Schrift auf grauem Untergrund. Und ein jeder wusste: Das war altmodisch. Doch entziehen konnte man sich dem nicht.

Was man heute Grundschule nennt, war in unseren Tagen die Volksschule, die acht Jahre, von den 60ern an neun dauerte. Die Bildungsstätte der meisten Alterskameraden.

Hoch hinaus: Auf dem Spielplatz mit den Klettergerüsten machten ein, zwei Jahre oft schon den großen Unterschied

In der Volksschule tanzte noch des Lehrers Stöckchen

In der Volksschule taten sich die Verantwortlichen schwer damit, dass nichts mehr so war, wie es noch wenige Jahre zuvor gewesen war. Doch sie ließen von ihrem autoritären Gehabe nicht ab. Wir kennen das: „Ingrid, schreib' die Tafel voll!" Und danach ging der Herr, den man Lehrer nannte, kurzum hin, wischte alles wieder aus. Grundlos. Daher die Redewendung „Schwamm drüber"!? Wer nicht parierte, bei dem setzte es Schläge. Da wurde seitens der Lehrer mit Stöcken gearbeitet. Es gab Ohrfeigen und es gab das Verbüßen einer Strafe durch Eckestehen. Noch heute klingt es mir in den Ohren: „Schmidt, in die Eck'!" Bis zu 45 Minuten lang. Ich kannte jedes Detail der Tapete, jede Holzmaserung des Lehrmittelschranks.

Schule damals hieß auch, dass einem im Winter „die Rotze“ lief, aber niemand ein Taschentuch zur Hand hatte. Schule war auch Nachsitzen. Schule waren, mithin, von Lehrern zertrümmerte Stühle, waren Pädagogen außer Rand und Band.

Die Schule war zudem die Fortsetzung des Unterrichts der Straße: Achtklässler – meine Güte, was haben wir die angehimmelt. Das waren die, die in den Pausen ihr aus einer Astgabel gebasteltes Katapult auspackten und mit kleinen Steinen auf Stare und Amseln schossen. Das waren die, die es im Winter schafften, quer über den Schulhof eine Rutschbahn zu ziehen, die sie während der großen Pause nutzten, um sich mit breiter Brust darzustellen.

Während Volksschüler in der Stadt schon mal in Parallelklassen unterrichtet wurden, konnte es weitab vom Schuss so sein, dass Kinder mehrerer Jahrgänge gemeinsam in einer Klasse saßen. Wer auf eine Zwergschule ging, war nicht zwangsläufig ein (Bildungs-) Zwerg: Da schrieb man als Zweitklässler mit Viertklässlern ein Diktat, erfuhr so eine ganz andere Art der Förderung. So war das!

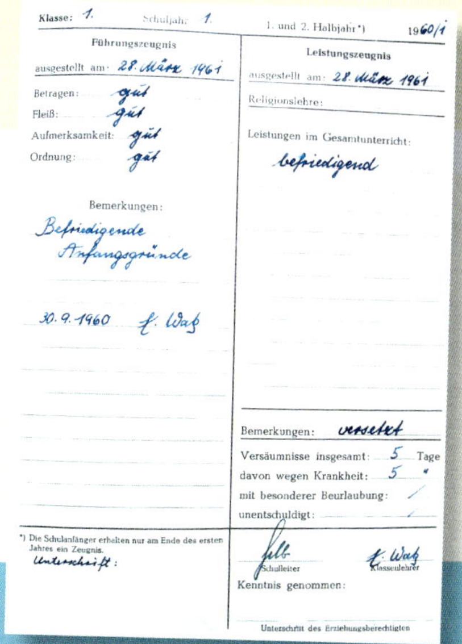

Klasse: 1. Schuljahr: 1. 1. und 2. Halbjahr*) 1960/1

Führungszeugnis

ausgestellt am: 28. März 1961

Betragen: gut

Fleiß: gut

Aufmerksamkeit: gut

Ordnung: gut

Bemerkungen:

Befriedigende Anfangsgründe

30.9.1960 f. Waß

Leistungszeugnis

ausgestellt am: 28. März 1961

Religionslehre:

Leistungen im Gesamtunterricht:

befriedigend

Bemerkungen: versetzt

Versäumnisse insgesamt: 5 Tage

davon wegen Krankheit: 5 "

mit besonderer Beurlaubung: /

unentschuldigt: /

*) Die Schulanfänger erhalten nur am Ende des ersten Jahres ein Zeugnis.

Unterschrift:

Schulleiter

f. Waß Klassenlehrer

Kenntnis genommen:

Unterschrift des Erziehungsberechtigten

Das war so ziemlich das einzige Heft, bei dem man sich nicht traute, eine Seite herauszureißen …

Jungs in die Werkstatt, Mädchen an die Nadeln

Wer hat noch sein erstes Zeugnisheft, kennt noch die Noten aus der 1. Klasse? Zeugnisse für ... geboren am ... Konfession ... Sohn/ Tochter von ... Stand … Man unterschied zwischen Führungszeugnis und Leistungszeugnis. Betragen. Fleiß. Aufmerksamkeit. Ordnung. Leistungen im Gesamtunterricht: „befriedigend“. Bemerkung: „versetzt“. Versäumnisse: 5 Tage – wegen Krankheit (war bestimmt Keuchhusten).

Mit der zweiten Klasse gab's erstmals Halbjahreszeugnisse – und eine fachbezogene Benotung: Religion, Deutsch mündlich und schriftlich, Rechnen, Zeichnen, Musik, Handschrift, Leibeserziehung. Im dritten Schuljahr kam die Heimatkunde hinzu. Und für Jungs das Werken, während sich die Mädchen der „Nadelarbeit“ widmen durften.

Schlagzeilen 1959

Der Bayerische Rundfunk gibt im Fernsehprogramm erstmals den ***„Komödienstadl“*** *…*

In einer französischen Zeitung sind ganz neu die „Bandes dessinées“ zu sehen, die Comic-Strips von ***„Asterix, dem Gallier“*** *…*

Von Günter Grass erscheint ***„Die Blechtrommel“*** *und von* ***Conny Froboess*** *und* ***Peter Kraus*** *das Lied „Ich möchte mit dir träumen“ …*

Der Sommer beschert den Deutschen Lufttemperaturen von knapp ***38 Grad im Schatten*** *(wie seit 1830 nicht mehr).*

Das Schreibwerkzeug als Statussymbol

Die ersten „Kunstwerke“ auf Papier hatten wir mit einem Bleistift gefertigt. Auch für die frühen Gehversuche als „Schriftsteller“ bedienten wir uns dieses Werkzeuges. Aber bei den Älteren und schon gar bei den Erwachsenen sahen wir andere Schreibwerkzeuge: Tuschefedern, richtige Füllfederhalter, Kolbenfüller, in deren Tank die Tinte aus einem Glas durch Drehen am Ende des Stiftes aufgesogen wurde, und dann die ersten Kugelschreiber. Schreibgeräte waren so etwas wie ein Statussymbol, schien es.

Zur Einschulung saßen wir zwar auf Zweier-Schulbänken, deren Sitze nach hinten weggeklappt werden konnten und die – wenn's komfortabel ausfiel – unter der zu öffnenden Tischplatte ein Fach für persönliche Gegenstände, für Hefte und Bücher hatte, und vor allem am vorderen Rand eine Vertiefung für ein Tintenfass. Doch geschrieben wurde zunächst nur mit dem Griffel auf eine Schultafel. Wer auf Schiefer schrieb, war zweifelsfrei Abc-Schütze.

Da machte es schon mehr her, wenn man in ein Heft schreiben durfte. Zunächst zwar nur mit Bleistift – aber

Selbst dazu gab es eine Steigerung: den Vierfarbkuli

Auf Schiefer lernten wir schreiben

immerhin. Der Durchbruch war mit dem Füllfederhalter geschafft. Der hatte natürlich seine Tücken. Einmal tropfte er, dann war er leer. Es gab Flecken – im Heft und auf der Kleidung und dafür dann zu Hause eine Abreibung.

Wie ein Quantensprung kam einem die Erfindung der Tintenpatrone vor. Das war dann doch eher „eine saubere Sache“. So gestaltete sich zu Beginn eines Schuljahrs der Kauf eines Füllers zum allgemeinen Ritual. Wobei anzumerken ist, dass vor dem Erwerb die strenge Eltern-Frage stand: Tut's der Alte denn nicht mehr? Da wurde schon mal getrickst, damit er „tropfte“ und aussortiert werden musste. „Geha“ und „Pelikan“, die Marktführer, hatten frühzeitig den Dreh raus: Wie zufällig gab's jeweils zum Schuljahresbeginn ein neues Schulfüller-Modell. Mal mit Griffmulden, mal mit „Fleckenstopp“, mal mit neu entwickelter Schreibfeder, mal anders in der Handhabung. Kolbenfüller waren aus unserer Sicht endgültig „out“, symbolisierten das Gestern.

Dann gab's da aber noch eine Steigerung, die man beim Blick auf die Schreibutensilien der Halbstarken entdeckt hatte oder im Mäppchen der großen Schwester. Kugelschreiber hieß das gute Ding, das einem wie eine Revolution vorkam – aber schon weitaus länger auf der Welt war als wir.

Schlagzeilen 1960

Am 24. Juli stirbt 69-jährig der Schauspieler und Sänger ***Hans Albers*** *(„Auf der Reeperbahn nachts um halb eins“) …*

Während einer Zweirad-Ausstellung in Frankfurt kommen ***„Mokicks“*** *auf den Markt, quasi die Vorläufer der „Mofas“ …*

Unter dem Namen „Envoid“ bietet ein US-amerikanisches Pharmaunternehmen die erste ***Antibabypille*** *zur Empfängnisverhütung an …*

Und im Reeperbahn-Stripteaselokal „Indra“ tritt eine britische Band auf, die sich ***„The Beatles“*** *nennt.*

Warum hat man uns das angetan, wo doch die nur wenige Jahre älteren Teenager ganz andere Klamotten trugen?

Unsere Welt im Neckermann-Katalog

Abstecher ins objektive Leben, kurz weg von den individuellen Erinnerungen. Schaufensterbummel im Neckermann-Sommer-Katalog 1959, als wir an der Schwelle zur Einschulung standen.

Bei den Musiktruhen blieben des Buben Augen kleben. Und die ersten Transistorradios tauchten auf ...

„Zum Feierabend ein gutes Buch“ gefällig? Für Kinder hießen die Titel „Männer und Motoren“, „Der Trotzkopf“ (ein Mädchenbuch) und Johanna Spyris „Freundschaftsbund“. Auch in die Foto-Abteilung haben wir Jungs geschaut; immerhin ein Metier, in dem man dem Vater nacheifern konnte. Das Wunschmodell hieß Agfa „Click“ und kostete 16 Mark 50.

Die ersehnte Agfa „Click“

Bei den „Großen“ schon Grundausstattung, für uns noch ein Traum: das Transistorradio

Wir Jungs fanden es erstrebenswert, so eine Kamera zu besitzen: Ausgestattet mit einem Fixfokus-Objektiv und zwei Blenden, für 6 x 6-Filme, Schwarzweiß oder Farbe.

Das seeblaue Luxus-Sportfahrrad mit zweifarbiger Bereifung und Rücktrittnabe war für schlappe 159 Mark erhältlich.

„Was Kinder gerne anziehen: praktisch und von allen bewundert.“ Bis diesseits des Jahrtausendwechsels höre ich meine Hilfeschreie. Lodencape und Schildmütze, „Clip“-Hosenträger und bügelfreie Nylonhemden (möglichst noch mit Einsteck-Krawatte).

Wenigstens bei den Winterklamotten stimmte die Richtung, auch wenn dies die Eltern im „Flachland“ etwas anders sahen: Steghosen, die in Skischuhen verschwanden, und oben einen Pullover mit skandinavischem Folkloremuster, so dick, dass man keinen Anorak drüberziehen musste.

Das ging schon eher: Steghosen/Skihosen aus Stretchmaterial (Lastex), Skischuhe, Skipullover mit nordischen Mustern (1963)

Hohlblocksteine – auch so einer von den (technischen) Quantensprüngen unserer Kindheit: Da winkte doch viel schneller ein eigenes Zimmer

Schaffe, schaffe, Häusle baue …

Dieses Motiv (links) passt wie die Faust aufs Auge, wenn wir 53er zur Rückschau ansetzen und den Aspekt der elterlichen Eigenheimbildung illustrieren wollen.

Da gab's Kumpels, die wohnten in kommunalen Gebäuden, bei der „Städtischen Wohnungsbau-Gesellschaft", Mädchen vom Land, deren Familien Höfe besaßen, und es gab viele Kinder, deren Eltern frisch bauten; weil sie zuvor heimatlos gewesen waren oder weil „es" sich nicht mehr so darstellen ließ, wie man sich den Alltag mehrerer Generationen unter einem Dach ausgemalt hatte. Unser Mädchen auf dem Foto posierte 1959 – samt der ignoranten Hauskatze – auf einem Stapel Hohlblocksteine. Das war auch so eine von den (technischen) Großtaten in unserer Kindheit und Jugend. Da winkte doch viel schneller ein eigenes Zimmer, als wenn die Eltern noch mit Backsteinen gebaut hätten.

Was wussten wir Abc-Schützen schon von Lumumba und Tschombé?

Das (kalendarisch) erste volle Jahrzehnt nach dem Krieg war vorbei, wir eingeschult – und so langsam bei der Sache. Aber wirklich nur langsam: Was wussten wir Abc-Schützen schon von Korea und vom Indochina-Krieg, von Lumumba und Tschombé in Zentralafrika, von den Machtkämpfen der beiden vorherrschenden

Ideologien, von der unmittelbaren Vergangenheit unseres Volkes, von einer Dritten Welt, die um ihre Freiheit rang? Immer nur so viel, wie die Erwachsenen darüber redeten – und das taten sie in unserer Gegenwart eigentlich kaum; schon gar nicht so, dass man hätte davon etwas lernen können.

Ein wenig anders war der gesellschaftliche Alltag, der in den frühen Fünfzigern noch von Arbeitslosigkeit, Depression und Trümmerbeseitigung geprägt gewesen war. Um die 250 Mark betrug das durchschnittliche Monatseinkommen ehedem; das reichte noch nicht für große Sprünge. Adenauers Wirtschaftsminister Ludwig Erhard versprach „Wohlstand für alle", was dann – zum Ende des Jahrzehnts – immerhin Vollbeschäftigung meinte. Und für viele, viele Menschen den Zugriff auf Statussymbole, die mehr und mehr auch für breitere Bevölkerungsschichten erreichbar waren: Automobil, Fernsehgerät, Kühlschrank, Urlaubsreise. Überhaupt: Urlaub, Ferien, Reisen. Da hatte es doch zunächst immer gegolten – auch in der „arbeitsfreien Zeit" – zu arbeiten. Für ein Häuschen etwa, für ein „Nest". Das mit Italien blieb in den Fünfzigern ein Minderheitenprogramm.

Das Muss der frühen Jahre: Vati fährt das Auto aus – und der Rest der Familie folgt gehorsam, sitzt beim Picknick fürs Foto Modell

Immerhin: 1957 zählte man eine Million Fernsehanschlüsse in der Republik. Und 1959 waren es elf Millionen Menschen, die sich im Sommer jenseits der Staatsgrenzen erholten – in Österreich und Jugoslawien, in Italien und Spanien. Die Sensation für uns und wie ein kleiner Urlaub: Sonntags mit Eltern oder Verwandten einen Auto-Ausflug machen. Und dann ein Picknick im Grünen – oder auf einem Parkplatz an der Autobahn.

Schlagzeilen 1961

***Ernest Hemingway** stirbt an den Folgen eines Suizidversuches …*

*Wolfgang Graf Berghe von Trips, mit seinem **Ferrari** in der Formel-1-Sportwagen-WM führend, streift in Monza das Auto von Jim Clark und rast in die Zuschauer: Er und 16 weitere Menschen kommen ums Leben …*

*Im Juni erfolgt die Gründung des **Zweiten Deutschen Fernsehens** mit Sitz in Mainz …*

*Connie Francis' **„Die Liebe ist ein seltsames Spiel“** wird Dauerbrenner in den Musikboxen …*

*Und wer nur halbwegs fit ist in der Hüfte, der tanzt in diesem Jahr den **Twist**.*

Urlaub mit Lurchi, den „Fünf Freunden“ und Puky

Die Literatur der 53er ist ein weites Thema. Mädchen delektierten sich an „Liesel und Ursel“, an Puky, später an „Hanni und Nanni“. Ganz am Anfang konnten Mecki-Geschichten noch faszinieren. Denn der war omnipräsent, den kannte man

„Und drauß' vom Wald schallt's lange noch:
Salamander lebe hoch!“

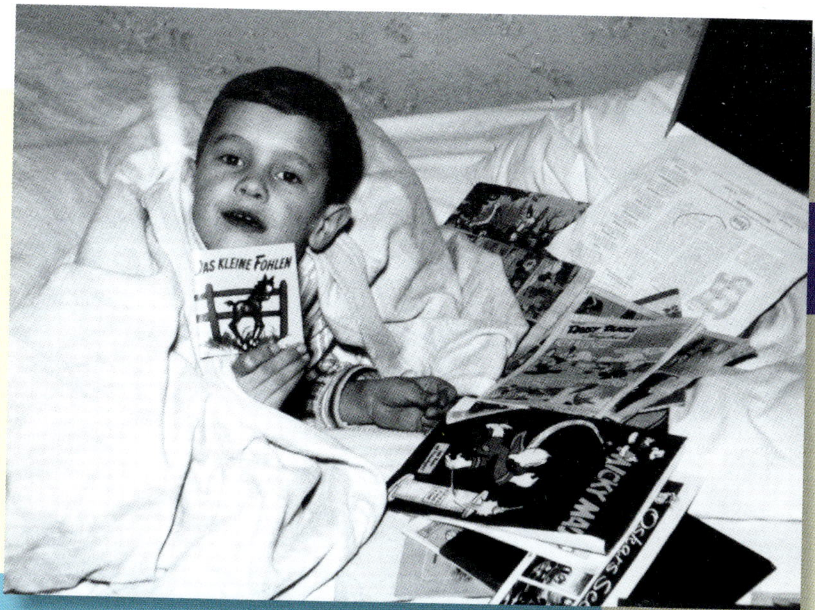

Garantiert war dieser Knabe krank:
Mumps oder Masern – vielleicht. Auf jeden Fall „Heftchen“ und Bücher, damit er Ruhe hält

von den „Knopf im Ohr“-Figuren, den gab es im Spielwarenladen. Mecki – irgendwie das maskuline Pendant zur Puppe, zum Weiblichen. Mecki – der Siegertyp. Der, dem man als Junge Lederhosen zubilligte, als man sie selbst längst schon nicht mehr tragen wollte. Mecki – eine Unisex-Figur. So ein Neutrum. In dieser Kante war auch Lurchi angesiedelt, der Feuersalamander. Der war allgegenwärtig beim Kauf von Schuhen. Einmal im Monat oder alle zwei, da gab es im Fachhandel ein neues Heftchen. 16 Seiten Umfang oder acht? Gratis. Aber eben ein „Comic“, der den „Micky Maus“- und „Fix und Foxi“-Heften (rein alterstechnisch) vorgeschaltet war. Die Franzosen hatten ihre „Bandes dessinées“, wir die Breitbandheftchen mit den Abenteuern des „Sigurd“.

Aber Lurchi, den gab's schon für Kinder. Und wenn wir später bei der Asterix-Lektüre den zwangsläufigen Satz vernahmen, Troubadix möge doch bitte nicht singen, weil es wegen der schrägen Akkorde eben niemand hören wolle, dann erinnerte dies immer an Lurchis Schlusssequenz: „Und drauß' vom Wald schallt's lange noch: Salamander lebe hoch!“ Der Schwarz-Gelbe hatte wieder einmal ein Abenteuer bestanden, hatte obsiegt. Das Gute siegt eben immer.

Wie bekloppt lasen wir „Enyd Blyton“-Bücher: „Fünf Freunde auf der Insel“, „Fünf Freunde im Zeltlager“, „Fünf Freunde ...“ Diese Fünf erlebten während ihrer Ferien immer die größten Abenteuer, wurden mysteriöser Geheimnisse gegenwärtig. Große Gefahren – und am Ende immer der Geheimgang. Die Rettung. Das Böse gestellt – und verhaftet.

Vor allem für Mädchen ein Muss:
Im Poesiealbum „verewigten“ sich all die Menschen, die einen über kurz oder lang begleiteten …

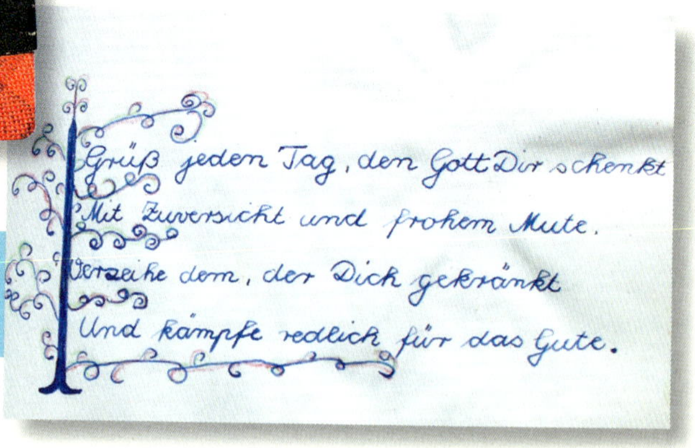

… meistens mit einem sinnstiftenden Gedicht. Mindestens in diesen vier Ecken sollte Liebe drin stecken!

„In allen vier Ecken soll Liebe drin stecken …“

Eine ganz eigene Form des Zugangs zur Literatur – und da insbesondere zur Dichtung – war in jungen Jahren das Poesie-Album. Wir Schiller-Nachfahren mussten uns ja lyrisch auslassen. Aber Poesiealben waren in erster Linie „Mädchensache“. Vernahm man als Junge die Bitte, dort hinein ein Verslein zu schreiben, war's eine Ehrensache, dies zu tun. Welcher Knabe war nicht stolz, errötete nicht, wenn er von einem Mädchen darum gebeten wurde? Das war doch ein Wink mit dem Zaunpfahl: Du, das „Herzerl“ ist in dich verliebt. Drei, vier Tage lag das kleine, meist um die 15 Zentimeter pro Seite messende Büchlein zu Hause. Was hineinschreiben? Für Mädchen untereinander war's keine Frage, dass sie der Freundin was ins Album schrieben.

„In allen vier Ecken soll Liebe drin stecken“ oder „Mach' es wie die Sonnenuhr: Zähl' die heit'ren Stunden nur“. Das waren die Allgemeinplätze. Konkreter waren da schon die Sprüchlein: „Fröhlich räumst Du mir ein Plätzchen / hier in Deinem Album ein. / Mög' auch ich in Deinem Herzen / niemals ganz vergessen sein.“ „Blaue Augen, roter Mund: Liebe Ursula – bleib' gesund!“

Gesamtgalaktisch wurde gemahnt: „Vergesse nie die Heimat, / wo Deine Wiege stand. / Du findest in der Ferne / kein zweites Heimatland". Oder: „Frohes Herz, gesundes Blut / ist besser als viel Geld und Gut." Überall schrieb ja nur jeder, wovon er meinte, dass es angesagt sei, schlau, gescheit, wertvoll. „Üb' immer Treu und Redlichkeit! ... Edel sei der Mensch, hilfreich und gut!" Ja wie soll er denn sonst sein?

Neben schlauen Sprüchen zierten so ein Poesiealbum Illustrationen. Die erste Begegnung mit Literatur war ja auch etwas Bildliches. Schreibwarenhändler hielten nicht nur eine Leihbibliothek und Brunnen-Hefte vor, sondern auch diese Bogen mit Bildchen für Poesiealben. Bevorzugte Motive: Rosen, Tulpen. Dann kleine Kätzchen oder spielende Hunde. Nichts, was das Bild einer heilen Welt hätte zerstören können. Rosen, ja: Rosen.

Schlagzeilen 1962

*Am 13. April treten **„The Beatles"** erstmals in neuer Besetzung (mit Ringo Starr für Pete Best am Schlagzeug) im „Star-Club" an der Hamburger Reeperbahn auf: Twist and shout! Bemerkenswert: „Decca" lehnt die „Beatles" wegen mangelnder Qualität ab. Die „Fab Four" landen bei „Odeon" ...*

***Juan Carlos**, Prinz zu Spanien, heiratet die griechische Prinzessin Sophia ...*

*Schauspielerin und Playmate **Marilyn Monroe** („Blondinen bevorzugt!", „Manche mögen's heiß") setzt in Hollywood ihrem jungen Leben ein Ende ...*

*Neue, über Jahre beschäftigende „Streifen" bringt die Kino-Welt auf die Leinwand: **„James Bond"** und **„Winnetou"** („Schatz im Silbersee") lassen aufhorchen.*

Die Lust am Leben und das erste Fernweh

Wer jung ist, betrachtet das Leben von seiner schönsten Seite – wenn's sein muss, durch eine rosarote Brille

Unterwegs gen Süden ... mit dem Finger auf der Landkarte

Selbstbestimmt zu reisen – das ging, als wir am Beginn der Jugend standen, nur mit dem Finger auf der Landkarte. Buchstäblich. Eine gute Schule für die Fantasie. Aus dem Anhang der Schüler- und Jugendkalender hatte man die exotischsten Flecken der Erde in Erfahrung gebracht, die höchsten Berge und die längsten Flüsse, die mächtigsten Gebäude und

Chronik

26. Juni/22. November 1963
US-Präsident John F. Kennedy besucht die Bundesrepublik Deutschland und Berlin. Während seiner legendären Rede vor dem Schöneberger Rathaus sagt er: „Ich bin ein Berliner!" Fünf Monate später wird Kennedy in Dallas/Texas durch zwei Schüsse eines Attentäters tödlich verletzt.

15./16. Oktober 1963
Konrad Adenauer (87) tritt als Bundeskanzler zurück, nachdem ihm zu Jahresbeginn mit dem Abschluss des deutsch-französischen Vertrages sein letztes politisches Meisterstück gelungen war. Der Bundestag wählt Prof. Ludwig Erhard zum Nachfolger.

4. August 1964
US-Präsident Johnson gibt den Befehl, von Kriegsschiffen aus nordvietnamesische Küstenbefestigungen zu bombardieren, nachdem zwei Tage zuvor US-Schiffe von vietnamesischen Torpedobooten attackiert worden waren. In Südvietnam sind derweil 16300 US-Soldaten stationiert.

10. September 1964
In Köln heißt man den einmillionsten Gastarbeiter in der Bundesrepublik willkommen. Armando Rodriguez (38) aus Portugal erhält ein Moped.

21. Februar 1965
Ein Unbekannter erschießt in New York den radikalen Schwarzenführer Malcolm X. Zwei Jahre zuvor bereits hatte es den „Marsch auf Washington" gegeben, der sich – unter Anführung von Martin Luther King – gegen die Rassendiskriminierung richtete.

23. März 1965
Der Deutsche Gewerkschaftsbund beschließt ein zweites Aktionsprogramm: 13. Monatsgehalt, vier Wochen Mindesturlaub, früher „in Rente", Einführen des zehnten Schuljahres, bezahlter Bildungsurlaub.

22. Mai 1966
In Frankfurt ruft der Sozialistische Deutsche Studentenbund zu einer Demonstration gegen den Vietnamkrieg auf.

1. Dezember 1966
Unter Kanzler Kurt Georg Kiesinger (CDU) wird die Große Koalition gebildet. Ludwig Erhard ist zurückgetreten. Willy Brandt wird Vizekanzler und Außenminister.

So sah das aus, wenn unsere Eltern damals Urlaub machten – auf Balkonien

die wichtigsten Schauplätze der Kulturgeschichte. Im Sportteil der Zeitung standen die Namen aller großen (Meister-) Städte Europas. Im Schulunterricht erfuhr man schnell mehr als nur „Heimatkunde": In Geografie erschloss sich die Welt. Von denen, die während der Sommerferien weiter weg gewesen waren, ließ man sich erzählen, wie eine Pizza oder eine Paella schmecken, wie's der „bella ragazza bionda" jenseits der Alpen ergangen ist. Man betrachtete im Fernsehen, wie es draußen in der Welt aussah. Und man bediente sich der Jugendzeitungen, der Geschichten über Musiker und Schauspieler, um Kenntnis zu bekommen vom globalen Geschehen. Aber „richtig raus" – das kam erst Jahre später.

Selbst im entlegensten Tal sollte man laut Neckermann nicht auf Luxus verzichten müssen: Cabrio-VW, Steilwandzelt, Sandstrand, Grillwürstchen und schickes Outfit

Das Zeltlager als „proletarische" Variante zum individuellen Campingurlaub der Eltern

Was hier nicht vergessen gehen darf: die Zeltlager. Das war die volkstümliche, die proletarische Variante dessen, was etwas wohlhabender ausgestattete Kinder des Sommers schon individuell erleben durften, mit Papa und Mama im Steilwandzelt, auf einem Campingplatz am Meer, in den Alpen – einfach irgendwo, nur nicht dort, wo man das Jahr über lebt. Mit den Konfirmanden, den Freunden, mit denen man sonntags ministrierte, mit der Sport-Mannschaft, der man sich zugehörig fühlte, mit den Jungs aus dem Verein oder den Mädchen aus dem Club in großen Pfadfinderzelten hausen oder in einer Jugendherberge.

Städte und Kreise unterhielten dazu an exponierten Orten der Republik ihre „Kolonien", zum Beispiel an der See: Spiele auf dem

Lebensschule zwischen den Schuljahren: Sommer-Zeltlager an der See

Sportplatz und am Strand, Wanderungen bei Tag und bei Nacht, Seeräuber-Geschichten und Piraten-Lieder, „Winnetou“ in Bad Segeberg, eine Dreimastbark namens „Passat“ in Travemünde und eine Hafenrundfahrt in Hamburg, wo die Überseebrücke Träume beförderte, wie stark es doch sein müsste, einmal mit der „United States“ oder der „France“ den Atlantik zu überqueren. Wer als Kind in ein Zeltlager durfte, lebte zumindest für diese Tage auf der Sonnenseite des Lebens. Über den Komfort ließ sich streiten, mehr noch über die Speisen- und Getränke-Auswahl – tagein, tagaus Kräuter- oder Früchtetee. Aber das Miteinander ohne das enge Elternhaus-Vorschriften-Korsett, die mit Sport und Spiel gefüllte Zeit, die erste zaghafte „Disco“ im Speisesaal – das alles konnte richtig glücklich machen.

Wir lernen nicht für die Schule, sondern für das Leben – leider viel zu spät auf den Trichter gekommen

Schlagzeilen 1963

Die Defa in der DDR macht mit ***„Nackt unter Wölfen“*** *erstmals einen Film, der das Leben in einem Konzentrationslager zum Thema hat …*

Das „Zweite“ *nimmt im April seinen Sendebetrieb auf …*

In Berlin gibt es im Mai Joghurt, das in einer ***Kunststoffverpackung*** *verkauft wird, die anschließend weggeworfen werden kann …*

In Lengede/Niedersachsen birgt man – nach zwei (!) Wochen – ***elf verunglückte Grubenleute*** *lebend …*

Beim ***Überfall auf einen Postzug*** *erbeuten Unbekannte in Großbritannien 2,5 Millionen Pfund …*

Im November stirbt in Paris ***Edith Piaf*** *(47 / „Milord“) …*

Im Dezember hat ***„Winnetou I“*** *in den deutschen Lichtspielhäusern Premiere …*

Buchkäufer bevorzugen Heinrich Bölls ***„Ansichten eines Clowns“****, die uns 1953er spätestens in der Oberstufe ereilen werden.*

Welches Fahrrad? Eine Frage des Ansehens

Unsere Sechziger brachten uns ein Mehr an Mobilität. Die Jahre des Tretrollers lagen hinter uns. Die Rede muss aufs Fahrrad kommen. Hatte man eine radelnde Frau im Haus und damit auch ein Damen-Fahrrad, vollzog sich der Übergang vom Kinderrad auf ein großes Gefährt relativ leicht, buchstäblich spielend. Anlässe, die Kinder mit dem ersten richtigen und vor allem eigenen Fahrrad auszustatten, boten die Erstkommunion oder die Konfirmation.

Aber: Das Rad und dessen Größe allein machten noch nicht den Unterschied. Die Accessoires entschieden darüber, ob man damit angeben konnte oder nicht. Das begann mit dem Radmantel: nur schwarz, ohne Weißwand-Dekor, das gab keine Bonuspunkte. Ganz wichtig die Frage nach der Gangschaltung. Als sportlich galt, wer über eine Drei- oder Fünfgang-Kettenschaltung verfügte – ohne Rücktrittbremse. Der Schalthebel war in Kniehöhe vorn am Rahmen angebracht, und man musste sich wie Rudi Altig und Hennes Junkermann bücken, um ihn zu bedienen. Locker auftreten ließ sich eben noch mit einer Torpedo-Dreigang-Nabenschaltung aus dem Hause Fichtel & Sachs.

Gut kam an, in der Mitte des Lenkers einen Tachometer zu haben. Hing das Täschchen mit dem Flickzeug hinten am Sattel, galt dies als altmodisch, im Gegensatz zum beidseitig verschlossenen Plastikrohr vor dem Gepäckträger. Von den Motorroller-Leuten schaute man sich zudem die Marotte ab, die Zugleitungen der Bremsen und der Gangschaltung mit

Das erste eigene Fahrrad brachte eine neue Mobilität: schneller durchs Viertel, flotter durchs Dorf

farbigen Plastikspiralen zu ummanteln. Nicht zu vergessen der Rückspiegel, der ebenfalls der „Schau" diente. Ganz top war, wenn daran noch ein Fuchsschwanz baumelte. Von anderen unterscheiden konnte man sich zudem mit der Klingel: Simpler Zweiklang „wie bei Oma" – oder so eine Dauerklingel, die an der Lenkergabel angebracht war und per Seilzug bedient wurde!? Selbstredend waren auch die Netze beidseitig des Hinterrades an Damenrädern „uncool".

Ob Quartett oder Mau-Mau: Kartenspieler stehen im Mittelpunkt

Das Autoquartett – Träume mit viel PS in zwei Händen

Es ist bei den Kindern ein wenig aus der Mode gekommen: Das Autoquartett, das Mega-Jungen-Spiel der 60er-Jahre. Es war immer präsent, immer greifbar. Hinsetzen, egal wo, Verpackung öffnen, Mischen, Verteilen – und los ging's. Ob Super-PS oder Super-Hubraum. Es gibt nur eine einzige Regel: Das knallharte Gesetz des Stärkeren. Das Spiel passte gut zu uns: Wir waren Knirpse mit Flausen im Kopf und mit Träumen. Träumen aus Blech, die wir immerhin auf Papier besitzen konnten. Die Spielkarten öffneten das Tor zur Auto-Welt. Weg von den Goggomobilen, den zweieinhalbsitzigen Messerschmidt-Kabinenrollern, den 26-PS-Käfern, die sich, mit ganzen Familien besetzt, über unsere Straßen quälten, hin zum Cadillac Fleetwood Eldorado mit unschlagbaren 8,1 Liter Hubraum oder zum Lamborghini Miura P400 mit unvorstellbaren 385 PS und 12 Zylindern. Die Autos blieben nie gesehene Träume, aber wir kannten alle ihre Details, ihre Stärken und Schwächen, wurden zu globalen Experten und durch die Spielkarten zu ihren Besitzern.

Wir lernten nebenbei die wichtigsten Länder der Welt kennen: Die USA mit ihren hubraumstarken, endlos großen Straßenkreuzern. Italien mit den 12-Zylinder-Höchstgeschwindigkeitsraketen. England mit den Supersportwagen namens Jaguar und Aston Martin. Und mehr und mehr auch Deutschland, dank Porsche, Mercedes und BMW. Was mussten wir sonst noch von dieser Welt wissen? Nichts! Wir kannten die technischen Daten unserer Autos!

Vor allem bei Jungs beliebt: Autoquartett. Spielend angeben mit viel PS …

Unreflektiert wurde jeder Groschen zum Kiosk getragen: Fußballbildchen

Zumindest für Jungen war es fast ein ungeschriebenes Gesetz, das Sammeln von Fußballbildchen. Derlei Kollektionen hatten selbst Väter und Vorväter schon gekannt. Unter anderem ist mir in Erinnerung, dass es in Packungen von Kolonialwaren Fotos aus deren Herkunftsländern abzugreifen gab. Unreflektiert wurde jeder überflüssige Groschen zum Kiosk getragen, um eine weitere Tüte mit Bildern zu kaufen, um anschließend – mit der Zeit hatte man etliche Karten

Ein Favorit auf bunten Bildern: Die Kölner Bundesliga-Fußballer um Hans Schäfer und Wolfgang Overath 1963/1964

doppelt und dreifach – im Freundeskreis oder auf dem Schulhof zu tauschen. Mit Gründung der Fußball-Bundesliga 1963 setzte ein neuerlicher „Bildchen-Boom“ ein. Unter anderem im Frankfurter Otto-Sicker-Verlag. Ein hartes Geschäft – für uns. Ob jetzt vier oder sechs Bildchen zehn oder zwanzig Pfennig kosteten: nahezu 300 waren zu ergattern – das ging gehörig ins Geld. Und das zu Beginn einer jeden Saison, einmal jährlich.

Schlagzeilen 1964

*Die Bundesregierung beschließt die Gründung der **„Stiftung Warentest“** (Verbraucherschutz), und im Deutschen Fernsehen wird erstmals zur Unterstützung der **„Aktion Sorgenkind“** aufgerufen …*

***Jean Paul Sartre**, eine der links-intellektuellen Lichtgestalten jener Jahre, erhält den Literatur-Nobelpreis – und lehnt die Auszeichnung ab …*

*Meldungen aus der Musikunterhaltung: Die **„Beatles“** schaffen den sensationellen Erfolg, dass fünf ihrer Titel die ersten fünf Plätze der US-Charts belegen. Die **„Rolling Stones“** schwingen sich neben den Liverpool-Pilzköpfen zur zweiten Beat-/Rock-Weltmacht auf …*

*Die Leute reden sich über „Obenohne“-Mode ebenso die Köpfe heiß wie über die Kreationen von Mary Quant, die den **Minirock** propagiert …*

Auf dem Rummelplatz

Den individuellen Wünschen waren auch auf dem Rummelplatz Grenzen gesetzt, die sich an strikten Vorgaben orientierten, die im Fahrgeschäft anstanden („ab 12“) oder ungeschriebenen Gesetzen folgten. Der Einstieg erfolgte über das Kinderkarussell, das als umso attraktiver galt, je mehr reagierende Bedienungsteile ein Fahrzeug hatte, je heftiger ein Pferd galoppierte. Für die Berg- und Talbahn musste man schon robuster sein, zumal sich in ihr und an ihr die ersten Techtelmechtel abspielten. Schon als Heranwachsender wusste der Bub, was sich im Leben gehört: Mädchen lässt man höflichst zuerst

„My first Sony“ war ein „Dual“

Ältere Geschwister, Cousins und Cousinen oder Nachbarskinder waren – gerade bei den Musik- und Zeitgeist-Erfahrungen – eine große Bereicherung für uns. Zu denen schaute man auf. Was die machten, das hatte Charme, war vorbildlich. Sie besaßen schon einen Plattenspieler und hatten beizeiten ein Tonbandgerät. Sie trugen „junge Mode“, Bluejeans, als wir noch in Trevira-Hosen gestopft wurden. Da hörte ich dann vom „Mann im Mond“ und vom „Alten Häuptling der Indianer“, hörte Ricky Nelsons „Hello Mary Lou“ und Elvis' „Wooden Heart“, Connie Francis' „Schöner fremder Mann“, Minas „Heißer Sand“ und Froboess' „Zwei kleine Italiener“, und ganz besonders gern Joey Dees „Ya Ya“ und „Fanny Mae“.

Um 1961/1962 fiel der Großeltern Entscheidung, einen Plattenspieler zu kaufen. Während Oma und Opa über einen Dual-Zehn-Platten-Wechsler mit eingebautem Lautsprecher verfügten, der zudem durch Drücken einer einzigen Taste vollautomatisch funktionierte, nachdem man Laufgeschwindigkeit und Plattendurchmesser eingestellt hatte, lief das elterliche Gerät nur in Verbindung mit dem Röhrenradio. TA-Taste drücken, warten, bis das grüne Auge vollends leuchtete, Schallplatten einzeln auflegen, Tonarm manuell bedienen – und unmittelbar zuvor durch kurzen Schwenk nach rechts, „bis es klickte“, den Plattenteller in Bewegung setzen.

„My first Sony“, der ein „Dual“ war, bekam um 1966 einen Bruder: Ein Tonbandgerät, Telefunken, Vierspur, Hi-Fi

Meine erste „Single“: „Saint-Tropez-Twist“, gesungen von Peppino di Capri. Meine ersten LPs: „Die Spitzenreiter“ von 1960 und 1962. 1961 sendete der NDR erstmals „Musik aus Studio B“. Der Moderator war ein „Deutsch stammelnder Engländer“, der legendäre Chris Howland. Mit „Hello, meinar Freundar“ eröffnete er seine Sendungen, in denen erstmals im deutschen Fernsehen Schallplatten aufgelegt wurden. Zunächst vor allem deutsche Schlager; aber auch das Internationale bediente man, etwa mit Cliff Richard. Bei Chris Howland, der zudem populäre NDR-Hörfunksendungen moderierte, selbst Unterhalter war, vom Fach,

Ihretwegen gab's Hausarrest und Strafarbeit: Schon den Elfjährigen verdrehten die Beatles den (Wuschel-) Kopf ...

... wohingegen Pierre Brice bei „den Alten" schon eher gelitten war als Idol (vor allem der Mädchen)

zudem als Brite einer, der eine Art (Musik-) Weltläufigkeit verkörperte, bei diesem buchstäblich akzentuiert wirkenden Entertainer war dann auch „Komm gib mir Deine Hand" zu hören, „Sie liebt Dich" – die „Beatles" aus Liverpool.

Nicht vergessen darf ich Hanns Verres, der für Hessen das war, was Howland in Norddeutschland symbolisierte, Camillo Felgen bei den Luxemburgern, Manfred Sexauer im Saarland. Verres machte donnerstags von 19.30 bis 20.30 Uhr die „Schlagerbörse". Nur eine Hitparade? Mitnichten. Das war hochkarätige (Musik-/Zeitgeist-) Streitkultur. Verres kritisierte, was das Zeug hielt, „verriss" Roy Black und „Roland W." („Mo-on-jaaaa"), erntete bitterböse Hörerbriefe, die er mit süffisantem Unterton verlas. Das war Kult. Das beschäftigte Jungs und Mädchen Tage später noch: „Wie der wieder ..."

Gottlob gab es auch noch die „BRAVO", gab's „o.k." und andere Jugend-Musikzeitschriften. Die konnte man allerdings nicht hören; es sei denn, es lag – wie hin und wieder der Fall – eine „vinylisierte" Papierschallplatte bei. Und wir hatten ja noch AFN, den Militärsender der Amerikaner, der uns reichlich mit Elvis & Co. versorgte. Sowie darüber hinaus „Radio Luxemburg"; auf der Mittelwellenskala zu finden. Da ging die Post ab, gab's „Hold tight" und „Mendocino", „Satisfaction" und „Last Time" bis zum Abwinken.

Damit war man unter seinesgleichen ein „König“; damals, als es noch keine Kassetten-Tonbandgeräte gab: Batteriebetriebener Phonokoffer für Single-Schallplatten und LPs plus Radiogerät zum Empfang von „Radio Luxemburg“

„Das Fröhliche“ im Programm

Radio Luxemburg hatte „das Fröhliche“ bereits im Programm, als die honorigen Öffentlich-Rechtlichen noch überlegten, ob sie denn lachen dürften. Das Angebot hatte für uns Jugendliche echte Qualität: Fröhlicher Wecker und Funkkantine, Nachsitzen mit Monika und Wunschkonzert, Hörergrußlotterie und Scheibchenweise. Ganz oben im Ranking der Sendungen standen aber samstags „Die großen 8“, sonntags die Hitparade und am Mittwoch von 17 Uhr an die „BRAVO“-Musikbox. Derlei Unterhaltungsprogramm wurde von uns aufgesogen, als sei man ein trockener Schwamm. Und Camillo (Felgen) und Frank (Elstner), Monika und Helga – sie fanden den (aus unserer Sicht) richtigen Ton. Eine Sprache, eine Wortwahl, wie sie Eltern, Vorgesetzten und Erziehungsberechtigten eben nicht eigen waren.

Per Katalog fremde Länder und exotische Genüsse entdecken

Herbst/Winter 1966/1967 – und wir an der Schwelle zur Jugend. Immerhin: Wer mit 14 die Volksschule verließ und eine Lehre begann, bewegte sich fortan vor allem unter Erwachsenen. Der Neckermann-Katalog hatte längst Hochglanz-Format angenommen. In der Politik ging es noch häufig um Vergangenheitsbewältigung, aber das 618-Seiten-Buch aus Frankfurt öffnete andere Horizonte. „NUR“ / Neckermann und Reisen. Mallorca und Tunesien, Ceylon und Indien, Mexiko und Ostafrika, Teneriffa und Karibik.

Den Lebensmittel-Crossover kürzen wir ein wenig ab: Reis aus dem Kochbeutel, Pfanni-Kartoffelknödel, Bonbel und Petite Française in der Käsetheke.

Schon interessanter die Zweirad-Ecke, für uns vor allem mit Perspektive: Für 468 Mark bot Neckermann ein „Mofa 25". Mofa? Das Spannende am Mofa: Man durfte das Teil ab 15 führerscheinfrei fahren; Höchstgeschwindigkeit 25 km/h. Aber dann: Radio, Funk und Fernsehen. Letzteres von Bedeutung, weil's mittlerweile zwei Sendeanstalten gab und zudem Regionalprogramme; allerdings durch die Bank noch schwarz-weiß. Tonbänder, da wurde geschaut. Da ließen sich perspektivisch gesehen die Ausgaben für Schallplatten reduzieren, konnte man Sendungen mitschneiden. Vierspur – das Maß der Dinge.

Der unbedingte Blick in die Buch-Abteilung. „Sag' Du es Deinem Kinde. Das Problem der Aufklärung tritt an jedes Elternpaar heran." 3,80 Mark. (Ohne Abbildung: „Zwischen 15 und der Liebe". Tagebuch eines Mittelschülers.) Das hätte es ein paar Jahre zuvor nicht gegeben. Andererseits sagt das „o. Abb.", dass bestimmte Titel, bestimmte Themen nach wie vor noch unterm Ladentisch gehandelt wurden. „Mit Abbildung" pries man hingegen „Winnetou III" und etwa „Jim Knopf und die wilde 13" an. Und „Heimatlos" – von Johanna Spyri.

Als kurze Hosen an jungen Frauen zwar junge Männer schon erhitzen konnten, deshalb aber noch lang nicht „Hotpants" hießen. Mitte der 60er Jahre trug Julia Unger echte Krachlederne und setzte dazu ihr schönstes Lächeln auf

Schlagzeilen 1966

Die niederländische Thronfolgerin ***Beatrix*** *ehelicht am 10. März in Amsterdam den deutschen Diplomaten Claus von Amsberg ...*

Der ***Vatikan*** *hebt den „Index" der von ihm verbotenen Bücher auf.*

Die ***Beatles*** *starten im Juni eine von der Jugend-Zeitschrift BRAVO organisierte Blitz-Tournee durch Deutschland, wo ihnen vier Jahre zuvor – Hamburg, „Star-Club" – der internationale Durchbruch gelungen war ...*

Das Leben entwickelt seine eigene Dynamik

Die „BRAVO“ bricht Tabus

Daran haben sie sich alle gerieben – früher mehr denn heute: „BRAVO“. Unter Leitung von Chefredakteur Peter Boenisch startete die Illustrierte 1956 als Film- und TV-Zeitschrift mit einer Auflage von 64 000. Binnen vier Jahren stieß man an die Marke von 500 000 Exemplaren.

Kaum ein Junge oder Mädchen, der oder das zwischen 13 und 17 nicht zu den „BRAVO“-Konsumenten zählte; wenigstens „ein bisschen“. Dass man sich mit Eltern und Großeltern wegen der Gazette rieb, war hingegen ganz natürlich: Die darin beschriebene Welt war nicht die ihre, und noch weniger die darin gepflegte Offenheit. Die „BRAVO“ klärte mehr über Sexualität auf als Väter oder Mütter. Und sie hatte alles, was man jenseits von Elternhaus und Schulunterricht wissen wollte: Da las man für eine Mark „Storys“ über Stars und Sternchen, über

Chronik

19. April 1967
In seinem Rhöndorfer Haus stirbt 91-jährig Altbundeskanzler Konrad Adenauer. Zur Trauerfeier im Kölner Dom reisen Oberhäupter und Abordnungen aus mehr als 50 Staaten der Erde an.

3. Dezember 1967
In Kapstadt pflanzt Prof. Dr. Christiaan Barnard dem 55-jährigen Louis Washkansky das Herz einer 24-Jährigen ein, die zuvor tödlich verunglückt war. Gleichwohl stirbt der Patient 18 Tage später – an einer Lungenentzündung.

5. Juni 1968
Nach dem Attentat auf Martin Luther King (39) am 4. April ist nun US-Senator Robert Kennedy Opfer eines Anschlages. Der jüngere Bruder des früheren Präsidenten stirbt in Los Angeles.

20. August 1968
Panzer der Roten Armee und der „Warschauer Pakt"-Staaten walzen in der Tschechoslowakei den „Prager Frühling" nieder. Mit dabei: DDR-Soldaten.

21. Juli 1969
„That's a small step for a man, but a giant leap for mankind!" Mit diesem Satz auf den Lippen betritt der US-amerikanische Astronaut Neil Armstrong einen Tag nach der Landung als erster Mensch den Mond.

21. Oktober 1969
Der Bundestag wählt Willy Brandt zum ersten sozialdemokratischen Kanzler der Bundesrepublik, nachdem SPD und FDP eine Koalition vereinbart hatten.

30. April 1970
Der im Vorjahr verkündete Rückzug aus Vietnam gestaltet sich für die USA desaströs: Auf Nixons Befehl hin marschieren die Truppen in Kambodscha ein.

7. Dezember 1970
Vorläufiger Höhepunkt von Willy Brandts Ostpolitik: Er unterzeichnet ein Gewaltverzichtsabkommen mit Polen und kniet bei einer Kranzniederlegung am Mahnmal für die Opfer des Aufstandes im Warschauer Ghetto entgegen dem Protokoll nieder.

10. Dezember 1971
Bundeskanzler Willy Brandt wird für seine Aussöhnungspolitik mit dem Osten mit dem Friedensnobelpreis ausgezeichnet.

Whatever you want: Die „BRAVO" zählte zu unseren Meinungsbildnern

Beatbands und Schlagersänger, da gab es „Hintergrundgeschichten" und eine Leserbriefredaktion, die den Eindruck vermittelte, sie nehme ihre Klientel ernst. In der „BRAVO" standen die Hitparaden aus mehreren Ländern, las man die Texte der musikalischen Bestseller. „BRAVO" war bunt und unterhaltsam. Und selbst die Annoncen weckten mehr Interesse als jene, die man zwischen 13 und 17 in „Stern" oder „Spiegel" oder gar in der Heimat-Tageszeitung lesen konnte.

Den Mädchen ein Kummer, den Jungs ein Buch mit sieben Siegeln

Selten gute Erinnerungen haben Mädchen an den Beginn der Menstruation. Nur „Gemäch“ und „Gelärr“. Überall fand man für diesen Wendepunkt im Leben andere sprachliche Ausdrücke – ohne offen darüber zu reden. Der Zeitgeist hinkte den Bedürfnissen der Betroffenen hinterher. Je nach sozialem Stand waren Mädchen mehr oder weniger aufgeklärt. Meist weniger.

Alles nicht so leicht. Für Jungs sowieso ein Buch mit sieben Siegeln, das sich nur dann ein wenig öffnete, wenn eine der Angebeteten mal für drei, vier Tage dem Schwimmbad fernblieb, selbst wenn das Thermometer bei 30 Grad Celsius im Schatten anschlug ...

Juni 1968 ließ Tampax die Mädchen, die die „BRAVO“ lasen, wissen, die „Heute-kann-ich-nicht-mitmachen-Tage“ seien Vergangenheit – auch im Sommer, auch im Bikini.

Nach der Schule und während der Ferien gab's den Sommer über keine schönere Herausforderung als das Schwimmbad

Schlagzeilen 1967

Das hat mit Sport nicht allzu viel zu tun: ***Cassius Clay*** *wird der WM-Titel aberkannt – weil er den Wehrdienst verweigert hat ...*

Die Getränkeindustrie in Deutschland propagiert die ***Einwegflasche****: „Ex und hopp“ ...*

Am 25. August beginnt bei ARD und ZDF das ***Farbfernseh-Zeitalter*** *...*

Daneben vermerken die Historiker, dass die ***Geburtenziffer*** *in Deutschland seit 1965 rückläufig ist. Das Argument Antibabypille („Pillenknick“) kann allerdings nicht greifen, da bis Ende der 60er-Jahre erst 20 Prozent der fertilen Frauen ein hormonales Verhütungsmittel benutzen. Eher schon greift der Hinweis auf den sozialen Wandel, auf einen gestiegenen Wohlstand, auf Veränderung der Werte.*

Krach mit den „Alten“

Dem Leben die kalte Schulter zeigen: wie Einstein oder die Rolling Stones ...

Die Spannung im Elternhaus war kaum mehr auszuhalten, damals, als wir 16 wurden und 17: Dauernd Krach mit den Alten, nur Stress mit deren Vorschriften und einem Regelwerk, das wir nicht akzeptierten. Aber die Eltern saßen am längeren Hebel. Das ging immer mal für ein paar Tage gut, dann setzte es wieder eine Strafe, eine Bedingung, an die das Wohlwollen der Ernährer geknüpft war. Das war genau der Boden, auf dem das Fernweh gedeiht, die Lust zum Ausbüxen, zum Wegrennen. Aber wer weg wollte, der brauchte dazu das Kleingeld. Diejenigen, die nach der Volksschule eine berufliche Lehre angetreten hatten, sahen langsam Licht am Ende des Tunnels: das erste richtige Monatsgehalt. Davon konnte man etwas für Führerschein und Autokauf auf die Seite legen, ohne gleich blank zu sein, wenn am Tresen ein Getränk zu bezahlen war.

Schlagzeilen 1968

*Die Hochschulen beschließen im März die Einführung des **„Numerus clausus“** (Studienzugangsbeschränkung nach Abitur-Notendurchschnitt) ...*

*Die Geldinstitute geben **Scheckkarten** für den deutschen Zahlungsraum aus, räumen zudem Lohn- und Gehaltsempfängern Überziehungskredite ein ...*

*Papst Paul VI. erlässt die Enzyklika „humanae vitae“, in der festgeschrieben ist, dass Geschlechtsverkehr und **„gottgewollte Fortpflanzung“** untrennbar miteinander verknüpft sind. Damit ist die Antibabypille für Katholiken verboten ...*

*Ein elfjähriger Junge aus den Niederlanden stürmt die Musik-Hitparaden: **Heintje** erobert mit „Mama“ die Herzen der Deutschen ...*

*Das ZDF beginnt mit der Kriminalfilm-Serie **„Der Kommissar“** mit Erik Ode ...*

*Eine Bremer Brauerei bringt den **„Six-Pack“** auf den Markt ...*

*Oswalt Kolles **„Das Wunder der Liebe“** hat Filmpremiere ...*

*Und das Kinopublikum ist fasziniert von Sergio Leones **„Spiel mir das Lied vom Tod“**.*

Das half über'n Berg: Samstags Autos waschen und an Abenden kellnern

Wer konnte, verdiente sich nebenbei ein paar Groschen. Zwei dieser Jobs sind unbedingt haften geblieben in meiner Erinnerung: Ich war Autowäscher und Tankwart, und ich war Kellner. Ich heuerte an einer „Rheinpreußen"-Tankstelle an. Der Patron hatte jeden Samstag so zehn Autos zur Wäsche da. Ein Zeremoniell: außen, innen, Politur, Lackpflege, Chromleisten herausputzen, Staubsaugen, Aschenbecher leeren. Die Gefährte auf der Hebebühne nach oben fahren: Unterbodenwäsche. Hier und da ein Reifenwechsel. Spikes runter, glatte Sommerreifen drauf. Anfangs war es noch der Chef, der die Wagen in die Halle fuhr oder sie wieder ins Freie lenkte. Mit der Zeit war auch dies meine Aufgabe: Königsklasse eben – Autofahren ohne Führerschein. Die Sache hatte Charme, brachte neben einem Stundenlohn noch Trinkgeld ein. Und ich konnte mir die Arbeitsabfolge so einteilen, dass ausgerechnet um 14 Uhr ein Wagen mit Autoradio in der Garage stand, wenn es auf Radio Luxemburg die „Großen Acht" zu lauschen gab. Das wiederholte sich kurz darauf, wenn die Fußball-Bundesliga im Radio angesagt war. Wenn ich gegen 18 Uhr nach Hause ging, hatte ich ein finanzielles Polster für die Nacht und noch ein paar Pfennige für die Spardose.

Weitere Geldquelle war ein Gasthaus namens „Guter Freund". Als Dienstleister rechnete ich auch das frei unterbreitete Essen mit ins Salär ein. Zigeunerschnitzel mit Pommes und Salat. Erneut „Königsklasse". Die Jobberei war eine dieser Inseln der Freiheit, über die das Elternhaus nicht bestimmen konnte, sie war wertvoll. Aber das eingangs beschriebene „Raus", wo blieb das? Mit Klassenfahrten allein war das ja nicht getan, allein schon deshalb nicht, weil in Klassenverbänden die Hierarchien und die Beziehungsgeflechte feststanden. „Raus" musste etwas anderes sein.

Für Jungs strikt verboten: Mädchen-Gemächer während einer Schulfreizeit in der Jugendherberge

„Easy Rider"

„Spiel mir das Lied vom Tod"

Kino in den 60ern – Die großen Schmachtfetzen

Unvergessen die schier endlose Serie der Karl-May-Filme mit Pierre Brice als Winnetou und Lex Barker als Old Shatterhand in den Hauptrollen, mit Marie Versini als Nscho-tschi mit den großen Rehäuglein oder Karin Dor mit dem jungen Götz George und mit der von Martin Böttcher komponierten Titelmusik. Auf den „Schatz im Silbersee" (1962) folgten „Winnetou I" und „Old Shatterhand", „Winnetou II" und „Unter Geiern", „Der Ölprinz" und „Winnetou III" ...

Mit den Jahren änderten wir uns und die Filme, denen unsere Zuneigung galt. Versuch's mal mit Gemütlichkeit: „Das Dschungelbuch" begeisterte 1967/1968. Und der Film zum Simon-&-Garfunkel-Hit „Mrs. Robinson" (1967) hieß „Die Reifeprüfung": Junger Mann liebt ältere Frau, ältere Frau begehrt jüngeren Mann. Nicht neu in der Weltgeschichte, wohl aber für uns, die wir unsere „piccolo mondo" mehr und mehr mit anderen Augen sahen.

Die ganz großen Filme, die Publikumserfolge liefen auch acht, zehn, zwölf und mehr Wochen in einer Stadt. Bei mir waren dies unbedingt die 1965 verfilmte Pasternak-Geschichte „Dr. Schiwago" mit Omar Sharif, Julie Christie, Geraldine Chaplin und Rod Steiger in den Hauptrollen, der 1968 gedrehte Kult-Italo-Western „Spiel mir das Lied vom Tod" (u.a. mit Charles Bronson, Claudia Cardinale, Henry Fonda), das Rock-Generation-Epos „Easy Rider" (1969 / Peter Fonda, Dennis Hopper / „Steppenwolf"-Musik „Born to be wild") und die anrührende „Love Story" nach dem Buch von Erich Segal, verfilmt mit Ali MacGraw als todkranke Jenny und Ryan O'Neal als Oliver Barrett. „Sie war schön. Sie war unheimlich intelligent. Sie liebte Mozart und Bach. Und die Beatles. Und mich." Was hätten wir so gern getauscht mit diesem Oliver ...

Kameraschwenk auf zwei Filme, die unbedingt ins Cinema-Tagebuch eines 53ers gehörten: „Zur Sache, Schätzchen!" (1968) mit Werner Enke und Uschi Glas in den Hauptrollen sowie „Nicht fummeln, Liebling!" (1970), wieder mit Enke und zudem einer bezaubernden Gila von Weitershausen; beide unter der Regie von May Spils. Klappe! Abspann. Im Hintergrund läuft „Jills Lied" von Ennio Morricone, über die Leinwand rollen die Namen ab, der Vorhang schließt sich, während jemand den Lichtschalter drückt. Das Kinopersonal öffnet die Ausgänge. Genug geträumt ...

Ein letzter Blick ins Fernsehen

1968 gab es erstmals einen ausdrücklichen Hinweis im Programmheft, der zuvor noch nicht nötig gewesen wäre: Farbe! Vor allem an den Wochenenden mischte man kräftig Buntes bei: Reitturnier in Aachen, „Paris nach Noten“, aber auch Flipper und Bonanza gab's so, wie das Auge die Welt sieht. Und inhaltlich? Twiggy, das Zweiglein, der Zahnstocher, machte gleich in Serie Karriere. Erich Helmensdorfer fragte: Alles oder nichts? Maverick trat auf den Plan, daneben der Landarzt Dr. Brock.

Abends saß die Familie zusammen beim internationalen Städteturnier „Spiel ohne Grenzen“, das ungemein auf die Freizeit-Kollektive in Dörfern oder Stadtteilen wirkte: Über Jahre zählten Rennbahnen, beschmiert mit Seifenlauge, zum festen Bestandteil eines „Ortssporttages“.

In Farbe übertrug die ARD 1968 bereits das Tennisturnier aus Wimbledon, immer den ganzen Nachmittag über. Kommentator: Heinz Maegerlein. Ja, der Mann, der ein Sport-Tausendsassa war, den wir als Jugendliche gern belächelten („Sie standen an den Hängen und Pisten ...“) – auch wegen seiner aus dem Nacken über die Glatze gekämmten Haare. Aber der war gut, zudem allseits akzeptierter „Quiz-Master“ („Hätten Sie's gewusst?“). Auch Ernst Huberty und Adi Furler habe ich als solche in Erinnerung. Rudi Michel und Harry Valerien.

Sprung ins TV-Jahr 1969. Immer noch waren „in Farbe“ ausgestrahlte Sendungen eine Rarität, gab's etwa „Tagesschau“ und

„Heute" ausschließlich in Schwarzweiß. Blick auf einen Konflikt, der sich in gar mancher Familie zutrug: Samstag, 17.45 Uhr. Im Ersten lief die Sportschau (s/w), gab's Fußball-Bundesliga ganz frisch. Ergebnisse, Spielberichte, Nachrichten. Just zur selben Zeit lief im Zweiten Daktari – in Farbe –, die „Urwald-Soap" mit dem schielenden Löwen Clarence und dem Schimpansen Judy. Der Disput war programmiert: hier Männerwelt, da die Kost für Frauen und Töchter.

Oh gab's da Tränen ... wie tags darauf, wenn mit dem Sport Bonanza kollidierte. Nie lief ein Film, der „frei ab 18" war und in den man sich hätte noch reinschleichen können. Nie wurde im Fernsehen über Sexualität und Aufklärung gesprochen. Kaum gab es Top-Musikhits frei Haus. Alles doch arg konserviert und konservativ.

Ein Blick ins persönliche Tagebuch zeigt: Fernsehgucken hatte damals für uns so langsam seinen großen Reiz verloren. Mit 17, 18 zählten andere Interessen, begeisterte ein anderes Geschehen als jenes, das aus der Flimmerkiste im Wohnzimmer waberte. Zumal die Rahmenbedingungen nicht mehr die unseren waren: Viel zu hell das Wohnzimmer, niemand da zum Knutschen oder Streicheln (wie im Kino) ...

Schlagzeilen 1969

Zu den ***Ostermärschen*** *gehen Tausende gegen den Vietnam-Krieg auf die Straßen: Eine ganz eigenwillige Friedens-Demo inszenieren „Beatle"* ***John Lennon*** *und dessen Frau* ***Yoko Ono****. Sie absolvieren vom 23. März an in einem Amsterdamer Hotel ein „Bed-in" ...*

Ein ***„Jumbo Jet"*** *(Boeing 747; Fassungsvermögen 385 Passagiere) absolviert im Februar seinen Jungfernflug. Im März folgt von Toulouse/Frankreich aus eine* ***„Concorde"*** *...*

Eine Gesetzesnovelle stellt ***nicht eheliche Kinder*** *rechtlich den ehelich geborenen gleich ...*

Im August geht bei ***Woodstock*** *im US-Bundesstaat New York das mit 500 000 Besuchern bis dahin und für lange Zeit größte Musik-Freiluft-Festival über die Bühne; mit Santana, Janis Joplin, Jimi Hendrix, Ten Years After ...*

Die Modewelt quält sich mit der Frage: ***Mini oder Maxi?*** *...*

Und nicht nur 1953er weinen im Kino, als die ***„Love Story"*** *mit Ali McGraw und Ryan O'Neal gezeigt wird, sehen ihre Kritik an den USA quasi bestätigt durch Elvis Presleys* ***„In the Ghetto"****.*

Von der Liebe und anderen Schwierigkeiten

Liebe! Ein weites Feld. Da öffneten sich in unserer Jugend Schleusen, betraten Oswald Kolle, Ruth Gassmann als „Helga" und die „Schulmädchen" die Bühne. Ein „Dr. Vollmer" und ein „Dr. Sommer" schrieben sich in der „BRAVO" beim Beantworten von Leserzuschriften die Finger wund. „Sie liebt Dich. Yeah, yeah, yeah!"

In der Kindheit hatte man uns mit erhobenem Zeigefinger Keuschheit gelehrt. Was es da nicht alles gab, das im Raum stand – und als solches schon unsere Fantasie beflügelte, uns als solches schon unkeusch sein ließ. Das sechste Gebot stand knallhart im Raum und eine liberalere Moral der Gesellschaft noch vor der Tür. Die Pille war als Verhütungsmittel auf dem Markt. Aber wenn eine junge Frau aus der puren Lust am Leben meinte, eine solche zu brauchen, musste sie ihre Eltern darum bitten, dies zu genehmigen. Pille? Tabu! Pille hieß, immer und überall zu dürfen, ohne dass es aus Liebe geschieht. Nur aus Leidenschaft. Ohne eine Schwangerschaft befürchten zu müssen. Aber einfach zum Frauenarzt gehen und sich die Pille verschreiben lassen, das ging nicht: Wir waren erst mit 21 volljährig. Ein Arzt, der dies ohne Zustimmung der Eltern getan hätte, wäre hinter Schloss und Riegel gelandet.

Bei den Jugendlichen von heute nennt man es „chillen" – wir hingen einfach nur ab, was aber kaum etwas anderes war, wenn es nicht mehr sein sollte als zusammen sein

„Dr. Vollmer" – Aufklärungsversuche

Aufklärung suchte und fand unsere Generation in der überwiegenden Mehrheit nicht bei den Eltern, nicht in der Schule, nicht in der Kirche. Aufklärung war Puzzle-Arbeit – mit der „BRAVO" als Hauptlieferant der nicht immer sofort passenden Teilchen.

In der Tat hielten Eltern es nicht für möglich, dass wir älter wurden – und neugierig auf alles, was wir noch nicht wussten, aber fühlten

Im Kino waren die von der Bundeszentrale für gesundheitliche Aufklärung finanzierten drei „Helga"-Filme bereits gelaufen (frei ab 16 bzw. ab 18), hatten auch die Oswald-Kolle-Streifen „Das Wunder der Liebe" (1968) und „Deine Frau – das unbekannte Wesen" (1969) ihre Premiere hinter sich. „BRAVO" veröffentlichte das „Tagebuch einer jungen Liebe", das Szenen einer Ehe beschrieb – jener des 19-jährigen Christian und der 17-jährigen Christine. Im Innenteil war von Jahresbeginn an ein Sonderdruck zu finden: „Entdecke Deinen Körper; eine Aufklärungsserie auf neue Art, von Dr. med. Renate Hauck". Da wurde der Klartext gesprochen, den man als Jugendliche/r erwartete: Bestimmung der fruchtbaren und unfruchtbaren Tage einer Frau, Geburtenkontrolle durch ovulationshemmende Tabletten, die Pille eben, Abtreibung, Geschlechtskrankheiten.

Da mögen noch so viele Alterskameraden über die „BRAVO" gelächelt haben – aber derart Lektüre war ein Stück Lebensschule. Sie konnte wenigstens ein bisschen Klarheit in die ganzen Turbulenzen bringen, die man angesichts der Gefühlswallungen durchzustehen hatte.

Eintauchen in diese zwiespältige Rock-Pop-Schlagerwelt

Geile Musik war's, die auf uns einströmte. 1970 das Ende einer Ära: „Let it be" von den Beatles dominierte die Hitparaden international – und war zugleich das letzte gemeinsame Stück von John Lennon, Paul McCartney, George Harrison und Ringo Starr.

Man möchte noch einmal eintauchen in diese Rock-Pop-Schlagerwelt, die so richtig schön zwiespältig war. Michael Holm („Barfuß im Regen") erfreute sich größeren Zuspruchs als Led Zeppelin („Whole lotta Love"), die niederländische Combo „Frijid Pink" legte Eric Burdons Klassiker vom verruchten Haus in New Orleans neu auf, Miguel Rios sang „Song of Joy", machte den guten, alten Ludwig van Beethoven kompatibel für die Welt der jungen Menschen.

Simon & Garfunkels „Bridge over troubled water“ hatte schon in der Studioversion den Charakter einer Hymne. Creedence Clearwater Revival warfen einen Top-10-Hit nach dem anderen auf den Markt. Selbst die „Grand Prix de la Chanson d'Eurovision“-Lieder konnten sich platzieren, etwa Danas „All Kind of everything“ und „Wunder gibt es immer wieder“, das Katja Ebstein sang, die sich im Kreis der Berliner Liedermacher aufhielt. Und seinerzeit leuchtete der Stern eines Mannes auf, den es als Kind aus Rumänien nach Deutschland verschlagen hatte, in die Heimat seiner Vorfahren: Peter Maffay sang „Du“ – ein Lied, das vor allem dann unter die Haut ging (oder besser: unter den Pulli), wenn man sich schmusend über den Tanzboden schob. Ein Lied, das zu mögen freilich kaum einer gern zugab unter seinesgleichen. Man hätte ja der Gefühlsduselei bezichtigt werden können.

Mal nicht im Fernsehen, sondern „live“: Ken Hensley von Uriah Heep, Chris Roberts und BRAVO-Fotograf Didi Zill

Schlagzeilen 1970

*Der Blick zurück ist zunächst ein Blick auf Gräber: **Jimi Hendrix**, der extrovertierte Rock-Gitarrist („Hey Joe“), stirbt am 18. September mit 27 Jahren. Alkohol, Schlaftabletten …*

*Wenige Wochen später, am 4. Oktober, findet man eine weitere Rock-Ikone tot auf: **Janis Joplin** (27). Heroin …*

*Zu beklagen auch der Tod von **Jochen Rindt**, eines für Österreich startenden deutschen Formel-1-Rennfahrers: Er kommt bei einem Unfall in Monza ums Leben, wird posthum zum Weltmeister erklärt …*

*Im April gibt **Paul McCartney** seinen Ausstieg bei den Beatles bekannt, im Juli folgt die endgültige Auflösung der bis dahin erfolgreichsten Formation der Populärmusik-Geschichte …*

*1970 bringt in Deutschland die **Lohnfortzahlung** im Krankheitsfall für Angestellte …*

*Das (männliche?) Publikum glotzt erstmals einen **„Schulmädchen-Report“** …*

*Und Simon & Garfunkel sagen durch die Blume, dass wir Tchibo-Kaffee zu trinken haben: **„El Condor Pasa“**.*

Das war einmal das Maß der Dinge: ein Jugendzimmer mit Schleiflack-Oberfläche in satten Farben – mit Plattenspieler „auf der Bude“ und mit einer E-Gitarre, die einfach so daliegt, als sei sie ein Mädchen oder ein Junge, hoffend auf den ersten Kuss (1970/1971)

Die poppige Welt der Neckermanns – als wir auf die 18 zugingen

Die Herbst-Winter-Welt 1970/1971 war „poppig“. Auf der Rückseite sah man einen Manuela-Verschnitt im weißen Strickkleid, hingeworfen auf einen Knautschsessel, vor sich auf dem hellen Flokati eine bunte Karaffe (ohne Inhalt), in der Hand ein Whisky-Glas, im Hintergrund die Schrank-Stellwände eines Jugendzimmers; darunter dieses Teil mit dem Sekretär. In der Katalog-Welt hatte Einzug gehalten, was wir aus der „BRAVO“ schon kannten ...

Das Buch „Josef N.“ zählte im genannten Jahr über 700 Seiten (1959 = 350). Und es begann – wir blättern wieder von hinten – auf der viertletzten Seite mit Fertighäusern.

Aus dem Ratenkauf war ein Kreditkauf geworden. Nachdem Versicherungen, Tiefkühlkost und Technischer Kundendienst überblättert sind, schauen wir kurz auf die Technik: „Made in UdSSR“, hieß es da neben den Ferngläsern. Der Handel – so schien es – war weiter als die Politik, die Wirtschaft ging denen voraus, die sich im Kalten Krieg verzettelten. Wieder bei den Radiogeräten gelandet, den Tonbändern. Kassettengeräte gab’s selbst unter 100 Mark, das war ausgemacht gut. Farbfernsehgeräte, der Hammer. Und ein Video-Rekorder: 1895 Mark. Immerhin. Nun konnte man auch die bewegten Bilder festhalten, die eine Kamera bei Party oder Kindergeburtstag aufzeichnete. Die Fernsehsparte unterschied ganz deutlich zwischen Schwarzweiß- und Farb-Geräten.

Wir 53er, gegen Ende der Jugend stehend, in der ersten Blüte, wir schauten beim Blättern im Katalog nach den Jugendzimmern. Deren Standard: eine Liege, die tagsüber Couch und nachts Bett war (daher brauchte es einen Bettzeug-Kasten am Kopfende oder als Schub unter der Matratze), ein Nachtkästchen, ein Schrankwandteil mit Sekretärfach und ein solches mit Regalböden, zudem noch ein Kleiderschrank mit zwei Türen. Davor, auf den Teppichboden gelegt, besagter weißer Flokati. Da konnte man schon beim Betrachten der Katalogfotos allen Fantasien nachgehen, die ein 17- bis 18-Jähriger so haben kann ...

Der Ruf aus der Welt „jenseits“ des Alltags

Durchbruch. Ein Geselle fragte den „Stift“, ob er am kommenden Donnerstag mit nach Paris fahren wolle. Stutz! Ich, 17, mit nach Paris?! Ich fuhr. Gründonnerstag 1971. Es wurde der Beginn einer großen Freundschaft ...

Und in Paris? In der großen Stadt an der Seine war alles anders als zu Hause. Da fuhren Omnibusse mit einer Plattform am Ende, auf die der verspätete Fahrgast noch aufspringen und auf der man die originellste Stadtrundfahrt machen konnte. Da gab's den Kaffee in einer „Bar“, die so gar nichts mit dem zu tun hatte, was der Teutone als „Bar“ kannte. Da gab's endlos Straßencafés entlang der Champs-Elysées oder in Saint-Germain-de-Prés, im Quartier Latin oder auf dem Montmartre. Ein Logenplatz neben dem anderen. Der Boulevard als Bühne. Hippie-Mädchen, Studenten, Touristen oder eben der kleine Mann von nebenan oder die Concièrge aus der Rue de Buci als Hauptdarsteller.

Mit „Treff-Tips“ durch Paris: das war nicht der überseriöse Reiseführer à la Baedeker, sondern „ganz einseitig für junge Leute geschrieben“

Echte Pariser Luft

Ein „Drugstore“, geöffnet bis nach Mitternacht. Erstmals gehört von Jean Paul Sartre, erstmals die Straßen gesehen, auf denen wenige Monate zuvor Studenten revoltiert und Barrikaden errichtet hatten, erstmals im „Select“ und im „Café de Flore“. Erstmals Baguette statt Bauernbrot.

Nach sieben Tagen Paris war in meinem Leben nichts mehr so, wie es zuvor einmal gewesen war.

Mit einer Coca-Cola am Strand, das war Lifestyle

Delialgebräunt am Strand

Die Sommer-Clique

Der Alltag war außerhalb der Lehre oder Schule bestimmt von Schwimmbad, Sport, politischer Jugendarbeit, von Musik – von Träumen und von der Sucht nach Liebe. In der Clique plauderten die Jungen und Mädchen über Sommer-Reisepläne. Eine Woche nach dem 18. Geburtstag für 182 Mark eine Rückfahrkarte nach Avignon gekauft und damit das erst zu Ostern in Paris geöffnete Tor zur Welt noch weiter aufgestoßen. Der Fernzug ab Frankfurt hieß Hispania-Express. Das nahm ich beim Wort, blieb drin bis Port-Bou, dem Grenzort. Nach Avignon könnte ich ja später noch.

An der Costa Brava standen einem Augen und Ohren weit offen: Das war eine andere Welt als die, in der ich mich üblicherweise aufhielt. Cuba libre und Lumumba statt nur Limonade. Hamburger und Fritten oder Fisch mit Knoblauch-Mayo. Nur lachende Gesichter, braungebrannte Haut, die nach Delial duftete oder nach einem mit Zitrone versetzten Sonnenöl. Abends ausgehen nicht vor 22 Uhr und heimkehren, wenn auf der nahen Finca schon der Hahn krähte. Live-Musik in einem britischen Pub: Dave Hinde spielte die Lieder von Simon & Garfunkel und Neil Diamond („Hot August Night“-Konzert), sang

Woodstock-Songs. Mit der Eisenbahn zurück Richtung Frankreich. Die Côte d'Azur wartete … Woher nahmen wir nur diesen Mut? Von der Grenze an wieder getrampt, um Geld zu sparen. Am Bahnhof den Fernzug nach Rom gesehen, ganz hinten ohne Ticket mitgefahren bis Marseille. Weiter per Autostopp an die Küste: neue Clique am Strand, international und heterogen besetzt, süße Mädchen und süßes Nichtstun. Nächtigen unter der Promenade, morgens geweckt werden von der Polizei. Ich war auf Wolke sieben. Das Leben hatte 1971 eine neue Dimension bekommen, es schlug Purzelbäume.

Schlagzeilen 1971

Die Schweiz beschließt im Februar per Volksabstimmung für Frauen das aktive und passive ***Wahlrecht*** *…*

Mit „Und Jimmy ging zum Regenbogen" beginnt im März eine Erfolgswelle der Verfilmung von Romanen des Schriftstellers ***Johannes Mario Simmel*** *…*

Die Geldinstitute von Deutschland und Benelux führen die ***„Euroschecks"*** *samt Karte ein …*

Zig (prominente) Frauen geben in der Illustrierten „Stern" bekannt: ***Wir haben abgetrieben*** *…*

Die Bundesregierung regelt den gesetzlichen Anspruch auf eine ***Krebsvorsorge-Untersuchung*** *…*

Der Bundestag verabschiedet das ***Bundesausbildungsförderungsgesetz*** *(BAFöG) …*

Bei der Kölner Nahrungsmittel-Messe gibt's im September erstmals ***Mangos und Kiwis*** *zu probieren …*

In Deutschland singt oder summt man Daniel Gerards Lied vom ***„Schmetterling"***.

Musik, Literatur, Politik – Fronten verhärtet

Als wir 53er im Selbstgefühl meinten, erwachsen zu sein – im Sinne des Gesetzes war dies erst per Bundestagsbeschluss vom März 1974 der Fall: Volljährigkeit mit 18 statt wie bis dahin 21 Jahren –, da standen auch die

Als es für die großen Konzerte noch nicht ganz reichte: „Satisfaction & Co." gab's in den meisten Orten auch für kleines Geld. Eine feine Zeit …

Republik und die Gesellschaft (und die Unterhaltungsmusik und die Mode und so vieles mehr) am Beginn einer neuen Ära. Der Mond war erobert. Die Wege der vier Beatles hatten sich getrennt. Einflussreiche Politiker, die über viele Jahre den Lauf der Dinge mitbestimmt hatten, waren nicht mehr im Amt oder gestorben.

Der erdumspannende West-Ost-Konflikt hielt an; trotz Brandt'scher Öffnung zum Warschauer Pakt hin. In Deutschland formierte sich die radikale Linke, instrumentalisierte Mord als politisches Argument, blieb aber ohne Zuspruch; auch und gerade bei den jungen Menschen. München 1972 – der Terroranschlag: der Konflikt zwischen christlich orientierter westlicher und arabischer Welt hatte vollends Eingang in die Weltgeschichte gefunden (alles nicht so neu, was uns heute beschäftigt). Nobelpreis für Heinrich Böll, Selbstbewusstsein für (zumindest das intellektuelle) Deutschland.

Aber – ganz ehrlich – wir 53er hatten da unmittelbar ganz andere, viel persönlichere Sorgen. Wer finanziell konnte und von den Eltern aus durfte, der machte möglichst schnell den Führerschein. Das fiel denen, die bereits in Lohn und Brot standen, etwas leichter als den Pennälern.

An der Schwelle zur Freiheit – die Volljährigkeit

Da standen wir nun an der Schwelle zur Volljährigkeit. Als Kinder hatten wir mitbekommen, wie die Gesellschaft nach dem Riesendesaster neuen Halt suchte, wie jüngere Menschen (die aber schon älter waren als wir) Gefallen fanden an den Mitbringseln von Freiheit und amerikanisch dominierter Kultur, wie die Älteren am liebsten wieder in den Schoß Preußens zurückgekehrt wären. Mitbekommen, wie diese Welt aufbrach in viele Facetten, wie zunächst der Kalte Krieg dominierte und dann eine neue, eine andere Ostpolitik einsetzte. Wegen der Ausbreitung der Fernsehgeräte in privaten Haushaltungen weit mehr teilgehabt am Weltgeschehen als jede andere Generation zuvor. Erstmals Politik erfahren durch Adenauer und Kennedy, durch Brandt – und freilich die Konfrontation zwischen dem Gestern und dem Heute.